U0746878

徽商发展报告 2023

王唤明　张道刚　马顺生◎编著

安徽师范大学出版社
ANHUI NORMAL UNIVERSITY PRESS
·芜湖·

图书在版编目(CIP)数据

徽商发展报告.2023/王唤明,张道刚,马顺生编著.— 芜湖:安徽师范大学出版社,2023.8

ISBN 978-7-5676-6289-6

Ⅰ.①徽… Ⅱ.①王…②张…③马… Ⅲ.①徽商-贸易经济-经济发展-研究报告-中国-2023 Ⅳ.①F727.54

中国国家版本馆CIP数据核字(2023)第132063号

徽商发展报告 2023　　　王唤明 张道刚 马顺生◎编著

责任编辑:何章艳　　　责任校对:李慧芳

装帧设计:王晴晴　汤彬彬　　　责任印制:桑国磊

出版发行:安徽师范大学出版社

芜湖市北京东路1号安徽师范大学赭山校区

网　　址:http://www.ahnupress.com/

发 行 部:0553-3883578　5910327　5910310(传真)

印　　刷:苏州市古得堡数码印刷有限公司

版　　次:2023年8月第1版

印　　次:2023年8月第1次印刷

规　　格:700 mm × 1000 mm　1/16

印　　张:9.5

字　　数:110千字

书　　号:ISBN 978-7-5676-6289-6

定　　价:60.00元

凡发现图书有质量问题,请与我社联系(联系电话:0553-5910315)

序

2022年，面对内外交困、危机不断的国内外环境，徽商负重前行，他们弘扬徽商文化，传承徽商精神，争做“徽骆驼”“绩溪牛”，徽行天下，情系故里，开创了新的局面。在多个产业赛道，徽商的表现都非常卓越，他们有的在引领行业发展，有的成为“独角兽”企业或“隐形冠军”，有的基业长青。在家电行业、新能源汽车行业、人工智能行业、新材料行业、传统轻工行业、芯片产业、餐饮行业等领域都有徽商的身影，他们奋力前行，创造价值，奉献社会。

目前，分布在全球的徽商组织已成为地方政府招商引资的桥梁和文化与经贸往来的平台，成为徽商回归的重要载体。据统计，截至2022年底，全球共有各类徽商组织496家，其中，在国内各省份注册成立的安徽商会、徽商商会、安徽企业商会、徽商联合会、经济文化促进会等共计229家，安徽省16个地级市的省外异地商会166家，安徽省16个地级市所辖县（县级市）的省外异地商会73家，海外徽商组织28家。

“树高千尺不离根”，无论是从安徽皖南山区走出去的安徽商人，还是从皖北平原走出去的安徽商人，他们一脉相承、血脉相连，有一个共同的名字——徽商。作为中华大地上地缘性极为特殊的商人群体，徽商的发展经历了辉煌、衰落和振兴崛起，我们可以从徽商发展看历史兴衰，从徽商精神悟时代真谛。

蕴徽商之美，凝民族之魂。改革开放40多年来，新徽商秉承敢为天下先的精神，在市场经济的浪潮中奋力拼搏，成为纵横天下、创富国家、建设家乡的重要力量。在当前安徽大力实施“双招双引”的背景下，天下徽商积极回归家乡建设，抢抓长三角一体化发展机遇，助力安徽高质量打造科技创新策源地、新兴产业聚集地、改革开放新高地、经济社会发展全面绿色转型区。

安徽财经大学是一所以经济学、管理学、法学为主的多科性财经大学，是我国首批具有学士学位授予权、第三批具有硕士学位授予权的高校，是安徽省重点建设的大学和安徽省人民政府与中华全国供销合作总社共建高校，并且于2012年获批国家中西部高校基础能力建设工程，2014年入选安徽省地方特色高水平大学建设项目。学校坚持科研兴校，现拥有中华全国供销合作总社重点智库、安徽省重点智库、安徽省省级协同创新中心、安徽省高校人文社科重点研究基地等省部级科研创新平台12个，校级特色科研创新平台42个。近五年，学校累计获批国家级科研项目106项，国家社会科学基金年度项目立项数位居安徽省高校前三位、全国财经类高校前列，连续三年获批国家社会科学基金重大项目；多项科研成果荣获教育部高等学校科学研究优秀成果奖（人文社会科学）、安徽省社会科学奖等科研奖项；多项智库成果获中央和省部级领导肯定性批示。学校立足自身特色，适应国家与区域经济社会发展需求，着力打造财经领域新型高端智库，出版发布《安徽县域经济竞争力报告》《中国合作经济发展研究报告》《徽商发展报告》等服务安徽经济社会发展和行业发展系列研究报告，社会影响力不断扩大，科研特色品牌日益彰显。

安徽财经大学徽商研究始于十多年前，徽商讲坛、徽商大讲堂等平台的搭建，为学校的徽商研究奠定了坚实的基础。2014年，安徽财经大学新徽商研究中心成立。该中心聚焦徽商组织、徽商人物、徽商产业、徽商企业、徽商文化等方面的研究，拥有一批专家学者团队，出版了《徽商文化》《新徽商导论》《徽商发展报告2017》《徽商发展报告2019》《徽商发展报告2020》《徽商发展报告2021》《徽商发展报告2022》《安徽老字号的传承与振兴》等著作，举办了两届关于徽商老字号品牌的中国（安徽）大学生市场营销创新大赛，与安徽师范大学联合举办了首届徽商老字号品牌营销高峰论坛，发表了一系列有关徽商和徽文化的学术论文，多次承办了省市工商联的相关社会组织培训研修，承接了相应课题研究，打造了线上平台——新徽商大讲堂，与安徽经济报社合作共建了徽商智库。

《徽商发展报告2023》从徽商组织、徽商企业、徽商人物、徽商科创、徽商回归、徽商文化、徽商传承等七个方面系统阐述2022年度徽商年度发展情况，是对徽商年度活动与事件的分析总结，对人们系统了解徽商的发展具有重要的指导作用。同时，本书也是安徽财经大学服务地方经济、加强智库建设的研究成果之一，是安徽财经大学2023年度系列报告丛书的一部分。

《徽商发展报告2023》是安徽财经大学新徽商研究中心和安徽经济报社、决策杂志社（安徽创新发展研究院）联合研究发布的成果，得到了安徽省工商联、安徽省合作办、安徽省经信厅、安徽省商务厅、安徽省人民政府发展研究中心等相关部门，以及安徽省国际徽商交流协会、各省外徽商商会的大力支持，在此一并表示感谢！

安徽财经大学副校长 周加来

2023年8月

目　录

徽商组织

本书中的徽商组织是指在安徽省外合法注册成立的省、市、县级各类安徽商会，包括安徽所辖市、县（县级市）省外的商会。

一、全国徽商组织分布

截至2022年12月30日，从全国社会组织信用信息公示平台和其他途径获悉，安徽省外合法注册的安徽商会（包含安徽企业商会）、徽商商会、经济文化促进会、徽商联合会共计229家，其中安徽商会210家（见表1），徽商商会13家（见表2），徽商联合会4家（广州徽商联合会、保定市新徽商联合会、天津市静海区徽商联合会、四川省徽商联合会）、经济文化促进会2家（上海安徽经济文化促进会、大连徽商经济文化促进会），安徽省16个地级市的省外异地商会166家（见表3），安徽省16个地级市所辖县（县级市）的省外异地商会73家（见表4），海外徽商组织28家（见表5）。截至2022年底，全球共有各类徽商组织496家。

表1 在国内注册成立的安徽商会

序号	商会名称	法人代表	成立时间[①]
1	上海市安徽商会	洪清华	1992年12月7日
2	天津市安徽商会	张长江	1998年1月1日
3	香港安徽联谊总会	桂四海	2002年
4	内蒙古安徽商会	姚文兵	2004年10月12日
5	温州市安徽商会	程健	2004年12月23日
6	商丘市安徽商会	李宏光	2005年12月13日
7	湖北省安徽商会	马占军	2006年2月21日
8	云南省安徽商会	陈大钰	2006年4月10日
9	重庆市安徽商会	梅锋	2006年5月12日
10	北京安徽企业商会	梁金辉	2006年6月7日
11	宁夏安徽商会	金晓伟	2006年6月28日
12	澳门安徽联谊总会	陈永杰	2006年
13	杭州市安徽商会	王秀梅	2007年1月8日
14	绍兴市柯桥区中国轻纺城安徽商会	殷芳举	2007年5月18日
15	海南省安徽商会	汪方怀	2007年7月30日
16	广西安徽商会	李传德	2007年8月9日
17	连云港市安徽商会	许同柱	2007年8月27日
18	陕西省安徽商会	张金龙	2007年10月22日
19	福建省安徽商会	程明	2008年1月1日
20	佛山市安徽商会	陈中信	2008年3月11日

① 这里的成立时间指商会的注册时间，后文表2、表3、表4中的成立时间亦指注册时间。本书附录“一、2022年新成立的徽商组织”中的成立时间指商会召开成立大会的时间。

续 表

序号	商会名称	法人代表	成立时间
21	常州市安徽商会	许常娥	2008年3月29日
22	山西安徽商会	储怀山	2008年4月10日
23	江西省安徽商会	李井海	2008年8月25日
24	河南省安徽商会	汤武	2008年9月1日
25	四川省安徽商会	熊南奇	2008年12月16日
26	杭州桐庐县安徽商会	束伍华	2009年1月13日
27	昆山市安徽商会	李大中	2009年3月10日
28	苏州市安徽商会	聂长岐	2009年3月30日
29	曲靖市安徽商会	胡文杰	2009年4月18日
30	青海省安徽商会	王军	2009年7月17日
31	常熟市安徽商会	程明	2009年9月1日
32	嘉兴市安徽商会	张保全	2009年9月28日
33	山东省安徽商会	姜建贺	2009年12月21日
34	台湾徽商经贸文教交流协会	陶君亮	2009年
35	贵州省安徽商会	陈修仕	2010年6月13日
36	南京市安徽商会	陈广川	2010年8月6日
37	中山市安徽商会	桑成敬	2010年8月10日
38	宁波市安徽商会	汤长伟	2010年8月18日
39	保山市安徽商会	谢自福	2010年12月28日
40	江苏省安徽商会	艾学平	2011年1月10日
41	阿克苏地区安徽商会	李明田	2011年2月7日

续 表

序号	商会名称	法人代表	成立时间
42	浙江省安徽商会	刘杰	2011年3月7日
43	襄阳市安徽商会	刘玉宝	2011年3月18日
44	惠州市安徽商会	何江民	2011年4月20日
45	吉林省安徽商会	刘启斌	2011年5月3日
46	义乌市安徽商会	汪本健	2011年5月17日
47	沈阳市安徽商会	曾晓红	2011年5月30日
48	甘肃省安徽商会	刘伟	2011年7月5日
49	湖南省安徽商会	屈东森	2011年8月3日
50	乌鲁木齐安徽商会	王向东	2011年8月25日
51	柳州市安徽商会	潘帮奇	2011年9月11日
52	洛阳市安徽商会	周义新	2011年11月21日
53	克拉玛依市安徽商会	方长根	2011年11月24日
54	徐州市安徽商会	蒋振华	2011年11月29日
55	青岛市安徽商会	杨凯	2012年1月10日
56	衡阳市安徽商会	燕飞	2012年2月16日
57	绵阳安徽商会	俞业钊	2012年3月1日
58	喀什安徽商会	王国琴	2012年6月16日
59	漳州市安徽商会	叶飞华	2012年6月16日
60	广州市安徽商会	张继龙	2012年7月23日
61	广东省安徽商会	王文银	2012年7月24日
62	太仓市安徽商会	陆继群	2012年9月14日

续 表

序号	商会名称	法人代表	成立时间
63	江门市安徽商会	张夕奎	2012年9月14日
64	无锡市安徽商会	吴福娇	2012年10月26日
65	东莞市安徽商会	苌凤城	2012年11月9日
66	福州市安徽商会	吴剑平	2012年12月26日
67	肇庆市安徽商会	胡建虎	2012年12月26日
68	桂林安徽商会	朱双和	2012年12月28日
69	珠海市安徽商会	罗治辉	2013年1月5日
70	桐乡市安徽商会	马岩	2013年1月13日
71	泰州市安徽商会	夏泽秀	2013年1月23日
72	哈尔滨市安徽商会	桂新明	2013年1月29日
73	东营市安徽商会	谢敏	2013年1月30日
74	龙岩市安徽商会	操文章	2013年2月1日
75	镇江安徽商会	李亚峰	2013年3月19日
76	丹阳市安徽商会	许礼周	2013年4月8日
77	邯郸安徽商会	李凡海	2013年4月23日
78	张家港市安徽商会	王兆银	2013年5月5日
79	黑龙江省安徽商会	岳喜田	2013年5月8日
80	吉林市安徽商会	吴昀翰	2013年5月15日
81	西藏自治区安徽商会	韩传求	2013年5月24日
82	景德镇市安徽商会	徐长生	2013年6月13日
83	巴音郭楞蒙古自治州安徽商会	汪靠	2013年6月18日

续 表

序号	商会名称	法人代表	成立时间
84	江阴市安徽商会	余林法	2013年7月9日
85	开封市安徽商会	袁四海	2013年9月9日
86	北海安徽商会	陈天辞	2013年10月25日
87	延边安徽商会	朱勇	2013年10月29日
88	苏州市吴江区安徽商会	吕宏光	2013年11月4日
89	台州市黄岩安徽商会	高金龙	2013年11月4日
90	绍兴市越城区安徽商会	李锋	2013年11月13日
91	宝鸡市安徽商会	黄启贵	2013年12月2日
92	荆门市安徽商会	王井伦	2013年12月20日
93	河源市安徽商会	查国兵	2013年12月25日
94	清远市安徽商会	沈家胜	2013年12月26日
95	舟山市安徽商会	万杰林	2014年1月7日
96	白银市安徽商会	郑华军	2014年1月7日
97	新疆生产建设兵团安徽商会	盛宝仁	2014年1月9日
98	兴义安徽商会	胡以仁	2014年1月23日
99	淮安市安徽商会	滕年龙	2014年1月29日
100	台州市安徽商会	李芝龙	2014年4月18日
101	包头安徽商会	唐伟	2014年5月5日
102	长治安徽商会	林森	2014年5月18日
103	宜昌市安徽商会	程钧	2014年6月5日
104	赣州市安徽商会	王永幸	2014年6月23日

续 表

序号	商会名称	法人代表	成立时间
105	临汾市安徽商会	荣全灵	2014年6月30日
106	湖州市安徽商会	安超	2014年7月18日
107	日照市安徽商会	尤勇武	2014年7月29日
108	乐清市安徽商会	谭启龙	2014年7月31日
109	岳阳市安徽商会	韩玉峰	2014年8月6日
110	鄂尔多斯安徽商会	张永春	2014年8月11日
111	乐山市安徽商会	陈文运	2014年8月20日
112	南安市安徽商会	许红梅	2014年9月17日
113	毕节市安徽商会	胡红星	2014年10月11日
114	重庆永川区安徽商会	刘纪华	2014年11月26日
115	平凉市安徽商会	丁亮	2014年12月18日
116	赤峰安徽商会	吴宣富	2014年12月24日
117	济宁市安徽商会	程辉	2014年12月31日
118	日照市安徽企业商会	何承东	2015年1月4日
119	河池市安徽商会	汪斌	2015年1月7日
120	哈密市安徽商会	刘翔	2015年2月5日
121	德清县安徽商会	曹云清	2015年3月10日
122	保定安徽商会	程勇	2015年4月14日
123	常州市钟楼区安徽商会	荣发兵	2015年4月30日
124	葫芦岛市安徽商会	方军	2015年5月18日
125	黄冈市安徽商会	何冈青	2015年7月10日

续　表

序号	商会名称	法人代表	成立时间
126	焦作市安徽商会	杨昌友	2015年8月6日
127	莎车县安徽商会	宋功文	2015年8月20日
128	烟台市安徽商会	水庆虎	2015年9月2日
129	陇南安徽商会	王志东	2015年9月19日
130	西安市安徽商会	宋思祥	2015年10月16日
131	永康市安徽商会	金鑫	2015年10月21日
132	河北省安徽商会	马登峰	2015年10月28日
133	济南市安徽商会	穆小龙	2015年12月16日
134	十堰市安徽商会	孙锦玉	2015年12月17日
135	满洲里安徽商会	赵法程	2015年12月21日
136	盘锦市安徽商会	滕德荣	2016年1月5日
137	如皋市安徽商会	宋在付	2016年8月1日
138	大同市安徽商会	程永祥	2016年9月9日
139	临沂市安徽商会	闫光峰	2016年11月1日
140	新乡市安徽商会	赵泳泉	2016年12月16日
141	衢州市安徽商会	姚光勇	2017年1月1日
142	许昌市安徽商会	陈华兴	2017年1月12日
143	汉中市安徽商会	严金权	2017年1月24日
144	汕头市安徽商会	郁家福	2017年2月13日
145	揭阳市安徽商会	刘继军	2017年2月14日
146	扬州市安徽商会	于金涛	2017年3月13日

续 表

序号	商会名称	法人代表	成立时间
147	丽水市安徽商会	时磊	2017年3月23日
148	兴安盟安徽商会	胡文起	2017年3月28日
149	晋江安徽商会	施迎春	2017年4月14日
150	湘西自治州安徽商会	徐振西	2017年5月26日
151	廊坊市安徽商会	袁克银	2017年7月17日
152	张家口安徽商会	吴明	2017年7月18日
153	石河子安徽商会	王学武	2017年8月1日
154	上饶市安徽商会	张荣弟	2017年9月5日
155	奎屯市安徽商会	戴恒武	2017年9月9日
156	威海市安徽商会	潘登	2017年10月24日
157	江山市安徽商会	洪仁才	2017年10月24日
158	唐山市安徽商会	季晓兵	2017年11月13日
159	孝感市安徽商会	张厚信	2018年2月7日
160	韶关市安徽商会	赵亮	2018年5月31日
161	盐城市安徽商会	周学诚	2018年5月31日
162	锦州市安徽商会	孔磊	2018年7月16日
163	潮州市安徽商会	刘振胜	2018年7月20日
164	长兴县安徽商会	张骞	2018年8月28日
165	泉州安徽商会	赵永才	2018年9月26日
166	慈溪市安徽商会	陶春光	2018年10月8日
167	宿迁市安徽商会	徐裕建	2018年11月22日

续 表

序号	商会名称	法人代表	成立时间
168	绍兴市安徽商会	孙应虎	2018年11月23日
169	九江市安徽商会	高峰	2018年11月28日
170	金华市安徽商会	储著权	2018年12月21日
171	象山县安徽商会	周可刚	2019年2月18日
172	鸡西市安徽商会	张文广	2019年4月12日
173	荆州市安徽商会	朱海涛	2019年4月28日
174	长春市安徽商会	饶国红	2019年5月22日
175	扬中市安徽商会	程华九	2019年5月27日
176	杭州市临安区安徽商会	江东	2019年5月27日
177	玉林市安徽商会	张杰	2019年7月16日
178	长沙市安徽商会	王灿友	2019年8月19日
179	青州安徽商会	严兆明	2019年12月3日
180	大理白族自治州安徽商会	何满魁	2019年12月18日
181	梅州市安徽商会	胡德兴	2020年1月2日
182	娄底市安徽商会	冯明利	2020年1月20日
183	厦门市安徽商会	张明	2020年2月28日
184	辽宁省安徽商会	檀海平	2020年4月8日
185	滨州市安徽商会	韩允彬	2020年5月28日
186	南阳安徽商会	古宏伟	2020年7月23日
187	宜宾市安徽商会	孔德成	2020年8月14日
188	高邮市安徽商会	鲍美萍	2020年9月15日
189	桐庐安徽商会	汪念	2020年9月27日

续 表

序号	商会名称	法人代表	成立时间
190	秦皇岛市安徽商会	汪长春	2020年10月12日
191	新疆生产建设兵团第十三师安徽商会	王周瑜	2020年10月23日
192	晋城市安徽商会	李克兵	2020年11月13日
193	沧州市安徽商会	钱清华	2020年12月9日
194	泰安市安徽商会	谢凤超	2020年12月31日
195	承德市安徽商会	孙小虎	2021年1月5日
196	武威市安徽商会	尹飞	2021年1月6日
197	德阳市安徽商会	钱陆军	2021年1月22日
198	第十二师安徽商会	孙海铭	2021年3月16日
199	莆田市安徽商会	赵学峰	2021年3月18日
200	朝阳市安徽商会	丁刚	2021年5月8日
201	石狮市安徽商会	黎吉祥	2021年6月4日
202	三明市安徽商会	汪旋	2021年10月12日
203	新昌县安徽商会	洪小翠	2021年11月1日
204	邢台市安徽商会	刘凤良	2021年12月22日
205	广安市安徽商会	王峰	2021年12月30日
206	萍乡市安徽商会	梅春萍	2022年4月22日
207	常州市金坛区安徽商会	李伟	2022年4月25日
208	钦州市安徽商会	王先怀	2022年7月25日
209	平顶山市安徽商会	余锡爽	2022年9月15日
210	威海市文登区安徽商会	吴建存	2022年12月2日

（数据主要来自民政部全国社会组织信用信息公示平台）

表2　在国内注册成立的徽商商会

序号	商会名称	法人代表	成立时间
1	大连徽商商会	齐圆圆	2007年7月26日
2	甘肃省张掖市徽商商会	张贺桥	2011年3月17日
3	淄博徽商商会	殷春华	2013年12月21日
4	齐齐哈尔市徽商商会	付厚文	2014年1月27日
5	天津市滨海新区徽商商会	周玉柱	2014年6月16日
6	昆明市徽商商会	关启东	2014年6月23日
7	赤峰徽商商会	汪胜	2015年2月9日
8	大庆市徽商商会	张顺起	2015年5月25日
9	南通市海门区徽商商会	张小户	2015年11月24日
10	忻州市徽商商会	潘庆发	2016年9月27日
11	淄博市周村区徽商商会	郑峰	2017年6月15日
12	宁波市奉化区徽商商会	祝君云	2020年1月16日
13	南通市通州区徽商商会	吴怀坤	2021年2月8日

（数据主要来自民政部全国社会组织信用信息公示平台）

表3　安徽省16个地级市省外异地商会

序号	地级市	商会名称	法人代表	成立时间
1	合肥	宁波市合肥商会	张展仓	2015年1月29日
2		杭州市合肥商会	程年生	2017年10月20日
3		无锡市合肥商会	李庆林	2018年1月2日
4		温州市合肥商会	阳传胜	2019年1月11日

续 表

序号	地级市	商会名称	法人代表	成立时间
5	合肥	平湖市合肥商会	王高	2019年9月30日
6		重庆市安徽合肥商会	武有香	2019年12月27日
7		湖州市合肥商会	王尚聪	2020年1月14日
8		常州武进区合肥商会	杨德传	2020年12月26日
9		南京市合肥商会	李中兵	2021年1月19日
10		长春市合肥商会	范方彬	2021年6月23日
11		常山县合肥商会	涂军华	2021年7月8日
12		上海市合肥商会	张启春	2021年8月10日
13	芜湖	厦门市芜湖商会	夏庆国	2012年11月30日
14		深圳市芜湖商会	吴经胜	2015年2月10日
15		广东省安徽芜湖商会	高兴兵	2016年6月20日
16		成都芜湖商会	丁涛	2016年6月27日
17		温州市芜湖商会	张茂胜	2017年5月2日
18		苏州市芜湖商会	潘诗周	2018年1月31日
19		南京市芜湖商会	王跃进	2019年12月11日
20		陕西省安徽芜湖商会	俞启明	2020年6月30日
21		天津市安徽芜湖商会	高枝虎	2021年7月14日
22		宁波市芜湖商会	陈克斌	2021年9月23日
23	蚌埠	广东省蚌埠商会	李振水	2011年9月28日
24		上海市蚌埠商会	王志友	2015年1月29日
25		海南省蚌埠商会	叶峥	2017年10月26日

续 表

序号	地级市	商会名称	法人代表	成立时间
26	蚌埠	东莞市安徽蚌埠商会	朱安柱	2019年5月7日
27		西安市蚌埠商会	李山	2021年5月17日
28		成都市蚌埠商会	孟祥永	2021年7月15日
29		宁波市蚌埠商会	郭术海	2021年11月19日
30		厦门市蚌埠商会	李加发	2022年9月23日
31	淮南	上海市安徽淮南商会	樊西堂	2015年6月23日
32		东莞市安徽淮南商会	姜淮矿	2019年4月30日
33		天津市安徽淮南商会	赵冬冬	2020年7月22日
34		北京淮南企业商会	邵凯	2021年5月28日
35		西安市安徽淮南商会	李新	2022年1月25日
36	马鞍山	南京市马鞍山商会	艾明生	2007年11月15日
37		上海市安徽马鞍山商会	徐兴东	2016年1月25日
38		徐州市马鞍山商会	张开金	2018年1月3日
39		深圳市安徽马鞍山商会	方仁红	2019年7月30日
40	淮北	广东省安徽淮北商会	胡庆周	2016年8月17日
41		西安市淮北商会	李金前	2018年12月29日
42		南京市淮北商会	朱永梅	2020年1月21日
43		杭州市淮北商会	刘亚军	2022年8月25日
44	铜陵	上海市铜陵商会	吴照和	2016年11月14日
45		南京市铜陵商会	纪良国	2016年12月17日
46		深圳市安徽铜陵商会	陈友	2018年3月8日

续 表

序号	地级市	商会名称	法人代表	成立时间
47	铜陵	桂林铜陵商会	唐贻才	2018年9月21日
48		北京铜陵企业商会	王世根	2019年7月15日
49		天津市安徽铜陵商会	贺锋	2022年7月21日
50	安庆	南京市安庆商会	吴江顺	2008年4月28日
51		西安市安庆商会	孙实凡	2012年8月22日
52		福州市安庆商会	丁南江	2013年5月19日
53		湖州市安庆商会	李结满	2013年11月29日
54		武汉安庆商会	李金苗	2013年12月26日
55		珠海市安徽安庆商会	何晓东	2014年6月9日
56		昆明市安徽安庆商会	汪虎	2014年11月4日
57		南宁安庆商会	王宜和	2014年12月17日
58		济南市安庆商会	徐晓星	2014年12月29日
59		深圳市安徽安庆商会	金红祥	2015年11月26日
60		上海市安庆商会	聂建明	2016年5月31日
61		徐州市安庆商会	刘保胜	2018年4月19日
62		杭州市安庆商会	丁峰	2018年10月10日
63		义乌市安庆商会	胡文钦	2019年4月17日
64		江苏省安徽安庆商会	王四九	2019年7月15日
65		成都安庆商会	吴功建	2019年8月8日
66		宁波市安庆商会	江中民	2020年1月21日
67		西藏安徽安庆商会	蔡金平	2020年7月24日

续 表

序号	地级市	商会名称	法人代表	成立时间
68	安庆	南通市安庆商会	张风流	2021年12月24日
69		天津市安徽安庆商会	吴道伍	2022年7月29日
70		东莞市安徽安庆商会	许绪宝	2022年8月14日
71		南昌市安庆商会	秦远明	2022年11月8日
72	黄山	杭州市黄山商会	徐立辉	2015年6月19日
73		义乌市徽州商会	吴耀	2016年11月4日
74		武汉黄山(徽州)商会	詹镇辉	2016年10月20日
75		南京市黄山商会	杜斐	2016年12月6日
76		宁波市徽州商会	方立年	2017年1月25日
77		深圳市安徽黄山商会	黄金火	2017年6月9日
78		上海黄山经济文化促进会	范典明	2018年11月24日
79		东莞市安徽黄山商会	王坚	2019年1月30日
80		成都市黄山商会	叶燕荪	2021年11月10日
81	阜阳	南京市阜阳商会	陈林	2011年4月28日
82		济南市阜阳商会	杨文太	2014年4月23日
83		深圳市阜阳商会	李兴宝	2014年4月28日
84		上海市阜阳商会	金四海	2015年10月24日
85		陕西省安徽阜亳商会	刘剑峰	2017年1月23日
86		温州市阜阳商会	李献龙	2017年2月20日
87		西安市阜阳商会	高阔	2017年6月6日
88		宁波市阜阳商会	李斌	2017年9月6日

续 表

序号	地级市	商会名称	法人代表	成立时间
89	阜阳	东莞市安徽阜阳商会	丁飞	2017年10月31日
90		江门市安徽阜阳商会	尹文来	2018年1月23日
91		杭州市阜阳商会	戚国辉	2018年2月13日
92		天津市安徽阜阳商会	韩立彦	2018年4月3日
93		海南省阜阳商会	闫明亮	2018年4月17日
94		定边县阜阳商会	刘心美	2018年8月2日
95		义乌市阜阳商会	张保龙	2018年10月9日
96		成都阜阳商会	樊继光	2019年7月4日
97		贵阳市花溪区安徽阜阳商会	范玉友	2019年12月30日
98		常州市武进区阜阳商会	魏大鹏	2020年10月30日
99		郑州市阜阳商会	杨献	2021年4月6日
100		青岛市阜阳商会	王天林	2021年5月6日
101		厦门市阜阳商会	徐永全	2021年7月14日
102	宿州	广东省安徽宿州商会	陶振华	2009年10月13日
103		深圳市宿州商会	刘磅	2010年4月14日
104		海口安徽宿州商会	王孝坤	2013年7月12日
105		南京市宿州商会	高俊怀	2014年5月19日
106		温州市宿州商会	贾鹏	2015年5月25日
107		厦门市宿州商会	唐华	2015年7月28日
108		北京宿州企业商会	马运动	2017年2月23日
109		西安市宿州商会	吴雪芹	2017年10月20日

续 表

序号	地级市	商会名称	法人代表	成立时间
110	宿州	东莞市安徽宿州商会	时晓东	2018年4月16日
111		宁波杭州湾新区宿州商会	宣祖远	2018年7月31日
112		杭州市宿州商会	王峰	2020年12月23日
113		天津市安徽宿州商会	王吉利	2021年8月12日
114	滁州	广东省安徽滁州商会	王健	2011年9月28日
115		南京市滁州商会	王传良	2012年8月17日
116		深圳市安徽滁州商会	葛允林	2017年1月4日
117		上海市滁州商会	罗兴刚	2017年9月14日
118		乌鲁木齐市滁州商会	李政	2018年11月5日
119		海南省滁州商会	余同成	2020年1月2日
120		义乌市滁州商会	李兵	2021年3月18日
121		成都滁州商会	徐义忠	2021年6月15日
122	六安	南京市六安商会	余述南	2012年8月28日
123		义乌市六安商会	陈贵永	2013年12月24日
124		广东省安徽六安商会	黄群文	2015年7月1日
125		温州市六安商会	朱树威	2016年11月15日
126		深圳市安徽六安商会	王烈勇	2016年11月24日
127		海南省六安商会	葛鑫	2017年9月1日
128		上海市六安商会	徐生山	2019年3月18日
129	宣城	南京市宣城商会	杨明军	2013年3月13日
130		广东省安徽宣城商会	韩光祥	2016年12月26日

续 表

序号	地级市	商会名称	法人代表	成立时间
131	宣城	海口市安徽宣城商会	曹正洪	2017年5月26日
132		海南省宣城商会	曹正洪	2019年11月7日
133		上海市宣城商会	李建平	2021年3月26日
134		宁波市宣城商会	叶飞	2021年5月14日
135	池州	宁波市池州商会	陈健锋	2012年2月6日
136		北京池州企业商会	戴泽平	2013年4月28日
137		东莞市安徽池州商会	方四龙	2014年11月27日
138		重庆市安徽池州商会	喻绪千	2016年11月28日
139		沈阳市池州商会	朱一飞	2017年5月11日
140		深圳市安徽池州商会	吴鹰	2017年5月24日
141		上海市池州商会	高宝霖	2019年7月8日
142		杭州池州商会	阮恒	2019年11月20日
143		南京市池州商会	王文华	2020年7月27日
144		西安市安徽池州商会	张三羊	2021年6月18日
145	亳州	渭源县亳州商会	朱思辉	2012年2月28日
146		深圳市亳州商会	姚敬美	2014年11月14日
147		宁波市亳州商会	张显旺	2015年8月18日
148		上海市安徽亳州商会	张春	2015年10月9日
149		昆明市安徽亳州商会	陈亚军	2016年4月1日
150		海南省亳州商会	杨明贵	2016年12月11日
151		杭州市亳州商会	罗贤义	2017年5月11日

续 表

序号	地级市	商会名称	法人代表	成立时间
152	亳州	温州市亳州商会	陈浩	2017年10月24日
153		广东省安徽亳州商会	郑洪伟	2018年1月11日
154		玉林市亳州商会	张广军	2018年7月31日
155		天津市安徽亳州商会	姜勇飞	2018年10月8日
156		廊坊市亳州商会	王爱先	2018年10月11日
157		乌鲁木齐亳州商会	郭金香	2018年11月30日
158		兴安盟亳州商会	卢韦飞	2019年1月1日
159		西安市亳州商会	张明春	2019年5月8日
160		福建省安徽亳州商会	杨保红	2019年6月4日
161		义乌市亳州商会	田继成	2019年12月4日
162		成都亳州商会	张进	2020年12月15日
163		大连市亳州商会	张敬宇	2021年6月25日
164		济南市亳州商会	叶长良	2021年12月7日
165		南阳市亳州商会	张朝志	2021年12月9日
166		南京市亳州商会	方坤	2022年1月26日

（数据主要来自民政部全国社会组织信用信息公示平台）

对安徽省16个地级市的异地商会分布情况进行分析，如图1所示：异地商会数量排在前三位的分别是亳州市、安庆市和阜阳市。其中，安庆市和亳州市的异地商会数最多，均有22家，阜阳市有21家。合肥市和宿州市并列第四，均有12家异地商会。有5～10家异地商会的地级市分别为淮南市、铜陵市、宣城市、六安市、蚌埠市、滁州市、黄山市、池州市、芜湖市。其余2个地级市的异地商会不足5家，分别是淮北市和马鞍山市。

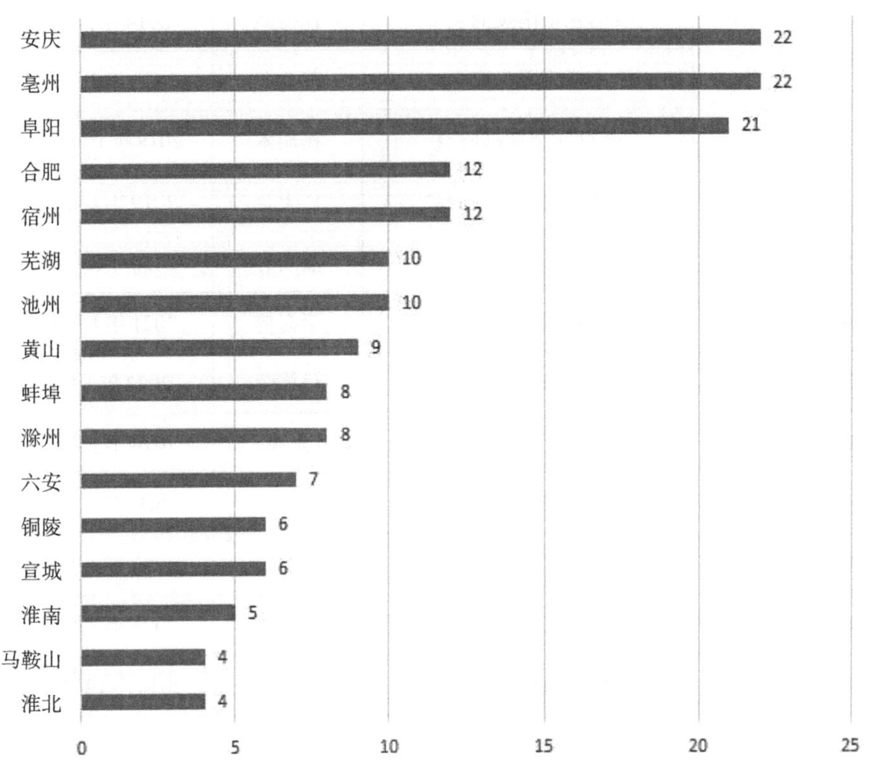

图1　安徽省16个地级市的异地商会一览

安徽省16个地级市所辖县（县级市）省外异地商会共计73家（见表4）。

表4　安徽省16个地市所辖县（县级市）省外异地商会

序号	地级市	商会名称	法人代表	成立时间
1	合肥	徐州市巢湖商会	徐小虎	2011年5月3日
2		北京巢湖企业商会	郑龙虎	2018年1月3日
3		杭州市合肥庐江商会	袁新丰	2019年5月13日
4		广东省安徽肥西省会	李树林	2022年11月17日

续 表

序号	地级市	商会名称	法人代表	成立时间
5	芜湖	南京市南陵商会	任持新	2014年5月6日
6		南京市无为商会	范业龙	2017年3月24日
7		南京江宁繁昌商会	杨旭木	2018年10月25日
8		天津市安徽无为商会	任士金	2019年1月30日
9		西安市无为商会	潘友春	2020年3月25日
10		广东省安徽无为商会	李海群	2021年1月19日
11		上海市无为商会	范修荣	2022年1月4日
12	蚌埠	无锡市新吴区安徽五河商会	张茂	2018年1月22日
13	马鞍山	广东省安徽和县商会	张孟友	2019年1月2日
14		南京市江北新区和县商会	潘仁俊	2020年9月23日
15	淮北	上海市安徽濉溪商会	朱怀刚	2021年7月20日
16	铜陵	南京市枞阳商会	陶唐苟	2014年12月25日
17	安庆	无锡市滨湖区太湖商会	朱正瑜	2005年6月9日
18		海口市安徽桐城商会	张立新	2015年5月19日
19		北京潜山企业商会	肖水生	2015年12月16日
20		西安市桐城商会	琚李根	2017年7月25日
21		广东省安徽怀宁商会	冯有如	2017年11月23日
22		天津市安徽潜山商会	洪光照	2018年8月27日
23		苏州市吴中区安徽太湖商会	叶汪和	2018年12月19日
24		深圳市安徽桐城商会	陈小飞	2018年12月24日
25		天津市安徽怀宁商会	邹潮波	2019年11月18日

续　表

序号	地级市	商会名称	法人代表	成立时间
26	安庆	杭州市安庆岳西商会	储团结	2019年12月5日
27		广州市安徽桐城商会	吴浩	2020年5月29日
28		青岛西海岸新区望江商会	虞志春	2020年10月1日
29		湖州市吴兴区太湖商会	殷理平	2020年11月13日
30		南京市桐城商会	汪福胜	2021年4月2日
31		温州市鹿城区岳西商会	储昭兵	2021年10月14日
32		深圳市安徽潜山商会	王孙根	2021年11月22日
33		宁波市海曙区岳西商会	程千权	2022年7月1日
34		宁波市镇海区望江商会	徐林	2022年12月2日
35	阜阳	深圳市安徽临泉商会	崔自成	2015年9月15日
36		深圳市安徽太和商会	刘晓刚	2018年6月11日
37		南京市秦淮区界首商会	杨天亮	2019年5月5日
38		淳安县界首商会	姜红胜	2020年1月7日
39		北京安徽界首企业商会	贺海军	2021年12月30日
40		上海市界首商会	李刚	2022年9月21日
41	宿州	西安市萧县商会	冯家敏	2017年2月20日
42		深圳市安徽泗县商会	时玉	2017年9月8日
43		杭州市宿州萧县商会	郝井德	2019年11月21日
44		南京市灵璧商会	解刚	2021年7月13日
45		南通市砀山商会	李宁	2021年12月16日
46	滁州	扬州市天长商会	林宏华	2013年12月12日

续 表

序号	地级市	商会名称	法人代表	成立时间
47	滁州	深圳市天长商会	张春平	2015年3月2日
48		深圳市全椒商会	刘安	2015年5月15日
49		深圳市定远商会	李学军	2015年5月22日
50		南京市来安商会	陈洪冰	2017年10月19日
51		南京市建邺区天长商会	夏明龙	2018年3月2日
52		南京市秦淮区全椒商会	王成兵	2019年10月11日
53		无锡市惠山区天长商会	薛宗玉	2019年12月26日
54		南京市定远商会	杨超	2020年12月17日
55		南京市凤阳商会	马学兵	2021年1月20日
56		南京市明光商会	朱泽建	2021年2月24日
57	宣城	深圳市泾县商会	李明辉	2015年5月15日
58		广东省安徽绩溪商会	程建华	2019年1月17日
59		南京市秦淮区泾县商会	张土改	2020年4月3日
60		广东省安徽广德商会	杨正富	2020年4月21日
61		无锡市滨湖区广德商会	徐衡	2021年4月23日
62	池州	深圳市安徽东至商会	叶青	2017年8月21日
63		广东省安徽东至商会	胡金萍	2017年9月20日
64		西安市东至商会	周末平	2017年10月23日
65		广东省安徽青阳商会	汪卫强	2020年5月9日
66	亳州	深圳市安徽蒙城商会	张万好	2016年5月16日
67		北京蒙城企业商会	代雨东	2016年7月1日

续 表

序号	地级市	商会名称	法人代表	成立时间
68	亳州	广东省安徽利辛商会	李飞	2016年10月11日
69		深圳市安徽涡阳商会	吴锋	2018年5月4日
70		湖州市吴兴区蒙城商会	王金良	2018年9月29日
71		东莞市安徽利辛商会	殷光明	2018年10月16日
72		南京市秦淮区蒙城商会	徐忠海	2019年4月16日
73		南京市涡阳商会	刘森	2022年1月25日

（数据主要来自民政部全国社会组织信用信息公示平台）

在安徽省16个地市所辖县（县级市）省外异地商会中，黄山、淮南、六安三地均是空白，其中芜湖无为市和安庆桐城市省外异地商会最多。

二、海外徽商组织分布

在海外，各类徽商组织发展快速。截至2022年底，海外徽商组织达到28家（见表5）。

表5　海外徽商组织一览

序号	商会名称	成立时间	现任会长
1	加拿大安徽商会	2005年	俞荧
2	日本徽商协会	2006年	吴晓乐
3	阿联酋安徽商会	2011年	潘尚旭
4	泰国安徽商会	2012年	汪洋

续　表

序号	商会名称	成立时间	现任会长
5	英国安徽商会	2012年	陈时荣
6	新加坡安徽商会	2014年	陈加品
7	柬埔寨安徽商会	2014年	刘忍
8	印度尼西亚安徽商会	2015年	何涛
9	俄罗斯安徽商会	2015年	吴咸宝
10	美国安徽商会	2015年	丁茂源
11	澳大利亚徽商总会	2016年	项翔
12	澳大利亚安徽总商会	2016年	陈凌
13	新西兰徽州商会	2016年	赵敬平
14	圣彼得堡安徽商会	2016年	王晶
15	全美徽商联合会	2017年	沈毅
16	海湾国家安徽总商会	2017年	沈晖
17	安徽华人华侨(德国)联谊会	2017年	倪道钧
18	瑞典安徽科技商业协会	2018年	段茂利
19	塞尔维亚安徽商会	2018年	余在礼
20	安哥拉安徽商会	2018年	朱祥增
21	芬兰安徽商会	2018年	吴立新
22	菲律宾安徽商会	2018年	张俊清
23	越南中国商会安徽企业联合会	2018年	袁晓峰
24	日本安庆商会	2019年	刘元敬
25	尼日利亚安徽商会	2019年	伍大洋

续 表

序号	商会名称	成立时间	现任会长
26	阿联酋安庆商会	2021年	陈汪鹏
27	巴西安庆商会	2022年	范秀军
28	印尼安徽安庆商会	2022年	徐竹子

三、商会组织建设创新高

各徽商组织认真开展以“政治引领好、队伍建设好、服务发展好、自律规范好”为主要内容的“四好”商会建设，北京安徽企业商会、保定安徽商会、邯郸安徽商会、山西安徽商会、晋城市安徽商会、上海市安徽商会、南京市安徽商会、徐州市安徽商会、常州市安徽商会、苏州市安徽商会、扬州市安徽商会、镇江安徽商会、扬中市安徽商会、宁波市安徽商会、江西省安徽商会、青岛市安徽商会、威海市安徽商会、河南省安徽商会、洛阳市安徽商会、新乡市安徽商会、十堰市安徽商会、中山市安徽商会、海南省安徽商会、重庆市安徽商会、重庆市安徽合肥商会、曲靖市安徽商会等26家异地徽商组织被认定为2021—2022年度全国“四好”商会。

截至2022年底，广东省安徽商会、海南省安徽商会、贵州省安徽商会、江苏省安徽商会、北京市安徽企业商会、湖北省安徽商会、吉林省安徽商会、陕西省安徽商会、青岛市安徽商会、苏州市安徽商会、杭州市安徽商会、中山市安徽商会、温州市安徽商会、大连徽商商会、常州市安徽商会、宁波市安徽商会、广州市安徽商会、淄博徽商商会、嘉兴市安徽商会、桐乡市安徽商会等都荣获“5A”级（即AAAAA级，是民政部门对社会性组织评定的最高级别）商会称号。

四、商会区域联盟活动不断

2022年，虽然受疫情的影响，但徽商组织区域联盟活动也不少。各徽商组织不断强化区（地）域之间的合作交流，主要呈现两种态势：一是区域性商会之间的联盟、交流与论坛增加，如粤港澳大湾区徽商峰会、徽联汇等；二是地域性商会之间的联盟活动，如全国宜商（安庆商会）联盟、全国阜阳商会联盟、全国池州商会联盟等。

1.安徽国际徽商交流协会

安徽国际徽商交流协会一直致力于通过多种活动和宣传，促进徽商平台的建设，扩大徽商的影响力，推动徽商商会的健康发展，促进商会区域联盟活动。

2022年6月22日，2022徽商调研和夏季秘书长研讨会在宁波召开，来自海南、陕西、四川、宁波、杭州、青岛、大连、济南、中山、无锡、台州、温州、中国轻纺城、昆山、南安等15家异地安徽商会的执行会长、副会长、秘书长参加会议，就进一步强化多方合作、加强徽商平台建设、助力安徽“双招双引”、抓实全国徽商信息交流传递、推进徽商大数据统计工作等五个议题踊跃发言，深入交流。

2022年7月4日，2022全国徽商部分商会秘书长工作研讨会在镇江召开，来自江苏、河北、大连、晋城等地徽商商会的会长和秘书长应邀出席了会议。与会秘书长交流分享了在新形势下各自办会的特色和经验。会议认为，徽商商协会工作的出发点和落脚点在于服务徽商企业，促进徽商事业健康发展，要进一步强化多方合作，建设全国徽商的互动、出彩、有效的大平台。会议指出，支持协会，就是支持全国徽商工作，支持徽商事业的发展。

2. 徽联汇

2022年1月11日，由安徽国际徽商交流协会指导、徽联汇主办的“一群人、一个家”2022徽联汇安徽人在外创业者年会在苏州万豪酒店举行，来自长三角地区的徽友等100余人参加了此次活动，会议期间发布了徽联汇宣传片《来者》。2022年9月7日，由安徽国际徽商交流协会指导，安徽经济报社、安徽财经大学新徽商研究中心协办、徽联汇承办的“在外新徽商，回家过中秋”2022徽联汇走进合肥迎中秋联谊晚会暨2022徽联汇新徽商创业家100人秋季论坛在合肥举行，来自长三角地区的100余位徽商应邀出席了此次活动。

3.2022粤港澳大湾区徽商峰会

2022年8月20日，“新理念、新格局、新发展”2022粤港澳大湾区徽商峰会在广州举办。此次峰会由安徽省人民政府驻广州办事处指导、广东省安徽商会主办，主旨是持续推进湾皖联动，搭建政企沟通的平台与桥梁，利用粤港澳大湾区开放创新优势协同安徽“三地一区”战略部署。来自粤皖两地政府领导、知名专家学者、皖籍企业家代表、广东省安徽商会会员及媒体代表等共计300余人出席活动。

4. 南京徽商会长联盟

2022年9月8日，南京徽商会长联盟成立，并在同曦艺术馆举行第一次会议。联盟全体成员、在宁28家安徽籍商会会长及代表参加会议，并见证了揭牌仪式。会上通过了《南京徽商会长联盟总则》，明确了徽商会长联盟的宗旨、机构设置、议事规则、工作内容和相关要求。该联盟将以“服务经济、友好协作、资源共享、优势互补、合作共赢”为目标，竭力为南京、安徽两地徽商企业家发展创造便利条件，实现强强联合、共谋发展。

5.“天下亳商”大会

2022年9月8日，亳州市“双招双引”推介会暨“天下亳商”大会召开，项目签约现场成果丰硕。亳州市诚挚邀请广大亳商做亳州建设的“筑梦者”、发展的“合伙人”、城市的“代言人”，共享发展机遇，成就创业梦想，形成聚天下亳商建设现代化美好亳州的强大力量，让亳商精神绽放新的时代光彩。

6.全国异地安庆（安徽）商会会长联席会议

2022年9月30日，全国异地安庆（安徽）商会会长联席会议在安庆举行。近年来，在安庆市委、市政府的重视和推动下，异地安庆商会组建步伐加快，目前全国各地安庆商会达40家，覆盖北京、上海、深圳等重点城市。此次会议，来自全国各地的30多位异地安庆（安徽）商会会长应邀出席。会上大家纷纷表示，安庆一年来的发展变化令人欣喜振奋，安庆市委、市政府对企业家的重视珍爱让人备受鼓舞，将会尽己所能、力己所长，把更多项目投在安庆，把更多技术带到安庆，把更多人才引到安庆，汇聚起推动安庆“重振雄风、重塑辉煌”的强大力量。

徽商企业

一、2022年徽商企业上市分析

企业上市虽然与企业的实力并非密切相关，但总体上来说，上市企业的形象优于未上市企业，上市企业的数量与当地的经济发展、产业发展、营商环境、城市竞争力、城市形象、发展活力等密切相关。徽商上市企业提升了徽商整体形象，引领了相关产业的发展。

据初步统计，截至2022年底，各类徽商上市企业超过250家，其中省内161家，位居全国第9位，省外90多家。

2022年，安徽新增上市公司14家，其中深圳证券交易所（简称“深交所”）6家，上海证券交易所（简称“上交所”）5家，北京证券交易所（简称“北交所”）3家。

从地域来看，合肥有8家上市公司，为安徽上市公司新增最多的城市。其中，新站区新增4家上市公司，分别是合肥井松智能科技股份有限公司（上交所科创板）、劲旅环境科技股份有限公司（深交所主板）、翰博高新材料（合肥）股份有限公司（深交所创业板）、合肥新汇成微电子股份有限公司（上交所科创板）；经开区2家，分别是安徽万朗磁塑股份有限公司（上交所主板）、中科美菱低温科技股份有限公司（北交所）；庐阳区1家，为恒烁半导体（合肥）股份有限公司（上交所科创板）、高新区1家，为合肥高科科技股份有限公司（北交所）。铜陵2家，分别为安徽耐科装备科技股份有限公司（上交所科创板）、安徽富乐德科技发展股份有限公司（深交所创业板）。安庆、池州、芜湖、宣城各1家，分别是安徽宏宇五洲医疗器械股份有限公司（深交所创业板）、安徽铜冠铜箔集团股份有限公司（深交所创业板）、芜湖雅葆轩电子科技股份有限公司（北交所）、安徽拓山重工股份有限公司（深交所主板）。

省外徽商上市企业中，广东省徽商上市企业最多，而且大多数都是制造型和科技型的企业，这与珠三角地区制造业的发展有很大关联。省外徽商上市企业见表6、表7、表8、表9、表10所示。

表6　广东省徽商上市企业

序号	公司名称	股票代码	徽商	籍贯
1	比亚迪	A股:002594 港股:01211	王传福	无为
2	比亚迪电子	00285	王传福	无为
3	融捷股份	002192	吕向阳	无为
4	融捷健康	300247	吕向阳	无为
5	华讯方舟	000687	吕向阳	无为
6	迈瑞医疗	300760	李西廷	砀山

续 表

序号	公司名称	股票代码	徽商	籍贯
7	科达制造	600499	边程	安徽
8	长盈精密技术	300115	陈奇星	望江
9	易事特	300376	何思模	宿松
10	歌力思服饰	603808	夏国新	安徽
11	冰川网络	300533	刘和国	东至
12	达实智能	002421	刘磅	宿州
13	赛为智能	300044	周勇	舒城
14	名家汇	300506	程宗玉	六安
15	正威新材	002201	王文银	潜山
16	大富科技	300134	孙尚传	怀远
17	光汇石油	00933	薛光林	天长
18	创世纪	300083	夏军	庐江
19	中盈盛达	01543	吴列进	桐城
20	天源迪科	300047	陈友	铜陵
21	英唐智能	300131	胡庆周	淮北
22	德豪润达	002005	王冬雷	蚌埠
23	雷士国际	02222	王冬雷	蚌埠
24	新国都	300130	江汉	六安
25	领益智造	002600Z	江南东	绩溪
26	澳亚食品股份	AFC(NZAX)	夏阳	巢湖
27	澳洲三和建材	APX 819	夏阳	巢湖

续 表

序号	公司名称	股票代码	徽商	籍贯
28	美的集团	000333	方洪波	枞阳
29	海普瑞	002399	李坦	阜阳
30	华孚时尚	002042	陈玲芬	淮北
31	科思科技	688788	刘建德	合肥
32	美盈森	220303	王海鹏	亳州
33	振邦智能	003028	陈志杰	亳州
34	明微电子	688699	王乐康	池州
35	盛弘股份	300693	方兴	青阳
36	佳士科技	300193	潘磊	东至

（数据和表格由安徽财经大学新徽商研究中心整理）

表7　江苏省徽商上市企业

序号	公司名称	股票代码	徽商	籍贯
1	苏宁易购	002024	张近东	天长
2	乐购仕	日本:ラオックス【8202】	张近东	天长
3	苏宁环球	000718	张桂平	天长
4	RedRover	韩国:RedRover	张桂平	天长
5	丰盛控股	00607	季昌群	当涂
6	中国高速传动	00658	季昌群	当涂
7	雨润食品	01068	祝义财	桐城
8	中央商场	600280	祝义财	桐城

续 表

序号	公司名称	股票代码	徽商	籍贯
9	国轩高科	002074	李缜	桐城
10	雅迪控股	01585	董经贵	六安
11	中信博新能源	688408	蔡浩	安庆
12	味知香	605089	夏靖	合肥
13	寒锐钴业	300618	梁杰	全椒

（数据和表格由安徽财经大学新徽商研究中心整理）

表8　上海市徽商上市企业

序号	公司名称	股票代码	徽商	籍贯
1	飞凯材料	300398	张金山	宿松
2	微盟集团	02013	孙涛勇	宿松
3	中国物流资产	01589	李士发	南陵
4	巨人网络	002558	史玉柱	怀远
5	蔚来汽车	NASDAQ:NIO	李斌	太湖
6	巴比食品	605338	刘会平	怀宁
7	风语筑	603466	李晖	淮南
8	叮咚买菜	DDL	梁昌霖	安徽
9	龙韵股份	603729	余亦坤	怀宁
10	宝立食品	603170	马驹	安庆
11	凯赛生物	688065	刘修才	滁州

（数据和表格由安徽财经大学新徽商研究中心整理）

表9 浙江省徽商上市企业

序号	公司名称	股票代码	徽商	籍贯
1	兑吧集团	01753	陈晓亮	怀宁
2	云集	NASDAQ:YJ	肖尚略	铜陵
3	慕容家居	01575	邹格兵	望江
4	激智科技	300566	张彦	六安
5	天邦食品	002124	张邦辉	巢湖
6	长阳科技	688299	金亚东	霍邱
7	美诺华	603538	姚成志	霍山
8	奥锐特	605116	彭志恩	桐城
9	亿帆医药	002019	程先锋	合肥

（数据和表格由安徽财经大学新徽商研究中心整理）

表10 全国其他省份徽商上市企业

序号	公司名称	股票代码	徽商	籍贯
1	蓝鼎国际	00582	仰智慧	潜山
2	远航港口	08502	桂四海	桐城
3	布莱克万矿业	00159	桂四海	桐城
4	珍宝岛	603567	方同华	亳州
5	联想集团	00992	杨元庆	合肥
6	老虎证券	NASDAQ:TIGR	巫天华	安徽
7	三人行传媒	605168	钱俊冬	无为
8	悦康药业	688658	于伟仕	太和

续 表

序号	公司名称	股票代码	徽商	籍贯
9	国光电气	688776	张亚	蚌埠
10	奥福环保	688021	潘吉庆	蚌埠
11	雍禾医疗	02279	张玉	泗县
12	沃尔德	688028	陈继锋	亳州
13	华天科技	002185	肖胜利	桐城
14	思科瑞	688053	张亚	蚌埠
15	华闻传媒	000793	汪方怀	怀宁
16	尚纬股份	603333	李广胜	无为
17	易车	NYSE:BITA	李斌	太湖
18	易鑫集团	02858	李斌	太湖
19	振华风光	688439	张亚	蚌埠
20	睿创微纳	688002	方平	安庆

（数据和表格由安徽财经大学新徽商研究中心整理）

二、2022年《财富》世界500强中的徽商企业

2022年8月3日，财富Plus App全球同步发布了2022年《财富》世界500强排行榜。1995年8月7日，《财富》杂志第一次发布同时涵盖工业企业和服务性企业的《财富》世界500强排行榜。2022年，《财富》杂志连续第28次发布这份全球大公司排行榜，共有6家徽商企业上榜（见表11），其中2家安徽本土企业跻身世界500强榜单。对比2021年的排名，一家退出一家新进，6

家徽商企业排名整体都有变化。

表11　2022年《财富》世界500强中的徽商企业

序号	企业名称	2021年排名	2022年排名
1	正威国际集团有限公司	68	76
2	联想集团有限公司	159	171
3	美的集团股份有限公司	288	245
4	苏宁易购集团股份有限公司	328	—
5	安徽海螺集团有限责任公司	315	353
6	铜陵有色金属集团控股有限公司	407	400
7	比亚迪股份有限公司	—	436

三、2022年中国企业500强中的徽商企业

2022年9月6日，中国企业联合会、中国企业家协会发布“2022中国企业500强”榜单。

本次榜单入围门槛为446.25亿元，较上一年提高53.89亿元。营业收入超千亿元的企业数量增至244家。

该榜单显示，2022年中国企业500强营业收入总额首次突破100万亿元大关，达到102.48万亿元，较上一年增长14.08%，为近10年来的最大涨幅。安徽财经大学新徽商研究中心跟踪监测，相比2021年，该榜单中的徽商企业，新进3家，退出2家，共计13家上榜（见表12）。

表12　2022年中国企业500强中的徽商企业

序号	企业名称	2021年排名	2022年排名
1	正威国际集团有限公司	22	25
2	苏宁控股集团	29	—
3	联想控股股份有限公司	53	51
4	美的集团股份有限公司	82	77
5	安徽海螺集团有限责任公司	90	104
6	铜陵有色金属集团控股有限公司	113	113
7	比亚迪股份有限公司	147	122
8	奇瑞控股集团有限公司	258	237
9	安徽建工集团控股有限公司	327	311
10	安徽江淮汽车集团控股有限公司	348	—
11	中科电力装备集团有限公司	454	468
12	淮河能源控股集团有限责任公司	465	372
13	淮北矿业(集团)有限责任公司	—	324
14	六安钢铁控股集团有限公司	—	417
15	安徽省交通控股集团有限公司	—	495

四、2022年中国民营企业500强中的徽商企业

2022年9月7日，全国工商联在北京发布“2022中国民营企业500强”榜单，位列前三名的企业分别为京东集团、阿里巴巴（中国）有限公司、恒力集团有限公司。2022年中国民营企业500强入围门槛达263.67亿元，比上一年增加28.66亿元。其中19家

500强企业营业收入超3000亿元，京东集团（9515.92亿元）、阿里巴巴（中国）有限公司（8364.05亿元）、恒力集团有限公司（7323.45亿元）、正威国际集团有限公司（7227.54亿元）、华为投资控股有限公司（6368.07亿元）等5家企业营业收入超过6000亿元。安徽财经大学新徽商研究中心通过对榜单监测分析，共计14家徽商企业上榜（见表13）。

表13　2022年中国民营企业500强中的徽商企业

序号	企业名称	排名
1	正威国际集团有限公司	4
2	联想控股股份有限公司	8
3	美的集团股份有限公司	16
4	比亚迪股份有限公司	26
5	苏宁易购集团股份有限公司	53
6	六安钢铁控股集团有限公司	192
7	雅迪科技集团有限公司	261
8	安徽楚江科技新材料股份有限公司	309
9	金鹏控股集团有限公司	339
10	合肥维天运通信息科技股份有限公司	340
11	文一集团	349
12	山鹰国际控股股份公司	350
13	广东领益智造股份有限公司	399
14	安徽天大企业(集团)有限公司	474

五、2022年《财富》中国500强中的徽商企业

2022年7月12日，财富Plus App发布了2022年《财富》中国500强排行榜，考量了全球范围内最大的中国上市企业在过去一年的业绩和成就。该榜单由《财富》（中文版）与中金财富合作编制。

2022年500家上榜的中国上市企业总营业收入达到62万亿元人民币，和上一年上榜公司相比，增长约17.4%；净利润达到了4.7万亿元，较上一年增长约9.2%。和2021年的榜单相比，2022年上榜企业的营业收入和净利润均有较大提升。2022年上榜企业的年营业收入门槛接近228亿元，相比2021年近174亿元的门槛提升31%。2022年，榜上500家上市企业的营业收入总和达62万亿元。

安徽财经大学新徽商研究中心通过对榜单的对比分析发现，2022年《财富》中国500强中的徽商企业总数是18家（见表14），比2021年新增4家，新增的企业为安徽楚江科技新材料股份有限公司、蔚来集团、阳光电源股份有限公司、淮河能源（集团）股份有限公司。

表14　2022年《财富》中国500强中的徽商企业

序号	企业名称	排名
1	联想控股股份有限公司	26
2	美的集团股份有限公司	35
3	比亚迪股份有限公司	58

续 表

序号	企业名称	排名
4	安徽海螺水泥股份有限公司	82
5	苏宁易购集团股份有限公司	96
6	铜陵有色金属集团股份有限公司	104
7	马鞍山钢铁股份有限公司	119
8	安徽建工集团股份有限公司	189
9	淮北矿业控股股份有限公司	211
10	安徽江淮汽车集团股份有限公司	310
11	安徽楚江科技新材料股份有限公司	333
12	蔚来集团	344
13	徽商银行股份有限公司	347
14	山鹰国际控股股份公司	369
15	深圳迈瑞生物医疗电子股份有限公司	454
16	阳光电源股份有限公司	471
17	中粮生物科技股份有限公司	483
18	淮河能源(集团)股份有限公司	499

六、2022年长三角三省一市百强企业中的徽商企业

2022年11月16日，长三角三省一市企业联合会共同发布2022长三角百强企业排行榜，9家徽商企业上榜（见表15）。

表15　2022年长三角百强企业中的徽商企业

序号	企业名称	排名
1	安徽海螺集团有限责任公司	20
2	铜陵有色金属集团控股有限公司	21
3	联宝(合肥)电子科技有限公司	37
4	中铁四局集团有限公司	58
5	奇瑞控股集团有限公司	65
6	全威(铜陵)铜业科技有限公司	70
7	美的集团芜湖公司	74
8	安徽建工集团控股有限公司	94
9	淮北矿业(集团)有限责任公司	96

七、2022年其他榜单中的徽商企业

2022年5月30日，由八月瓜创新研究院完成的《全国科技创新百强指数报告2022——企业、高校及研究机构篇》在北京发布。该报告聚焦企业、高校和研究机构等微观创新主体，通过科学评测和深入分析，遴选出全国科技创新企业500强、全国科技创新高校50强、全国科技创新研究机构50强。24家徽商企业入围2022年全国科技创新企业500强（见表16）。

表16　2022年全国科技创新企业500强中的徽商企业

序号	企业名称	排名
1	美的集团股份有限公司	5

续 表

序号	企业名称	排名
2	联想(北京)有限公司	27
3	比亚迪股份有限公司	37
4	科大讯飞股份有限公司	43
5	安徽江淮汽车集团股份有限公司	62
6	奇瑞控股集团有限公司	74
7	深圳迈瑞生物医疗电子股份有限公司	95
8	长虹美菱股份有限公司	115
9	阳光电源股份有限公司	136
10	睿力集成电路有限公司	162
11	深圳市长盈精密技术股份有限公司	171
12	淮河能源控股集团有限责任公司	210
13	新兴铸管股份有限公司	235
14	科达制造股份有限公司	269
15	安徽合力股份有限公司	285
16	安徽安凯汽车股份有限公司	345
17	四创电子股份有限公司	354
18	上海蔚来汽车有限公司	372
19	马鞍山钢铁股份有限公司	391
20	广东领益智造股份有限公司	407
21	合肥杰事杰新材料股份有限公司	411
22	贝壳找房(北京)科技有限公司	434

续 表

序号	企业名称	排名
23	合肥美亚光电技术股份有限公司	465
24	合肥联宝信息技术有限公司	485

2023年3月30日，以“加快建设世界一流企业”为主题的2022中国新经济企业500强发布会在北京中德国际会议会展中心举行，会议由中国企业评价协会主办，中国上市公司协会战略支持。20家徽商企业入选2022中国新经济企业500强（见表17）。

表17　2022中国新经济企业500强中的徽商企业

序号	企业名称	排名
1	比亚迪股份有限公司	6
2	深圳迈瑞生物医疗电子股份有限公司	14
3	美的集团股份有限公司	16
4	深圳市汇川技术股份有限公司	35
5	上海蔚来科技有限公司	43
6	正威国际集团有限公司	46
7	贝壳控股有限公司	52
8	科大讯飞股份有限公司	74
9	信义光能控股有限公司	76
10	国轩高科股份有限公司	117
11	欧普康视科技股份有限公司	141
12	联想集团有限公司	151
13	三七互娱网络科技集团股份有限公司	182

续　表

序号	企业名称	排名
14	天水华天科技股份有限公司	253
15	烟台睿创微纳技术股份有限公司	307
16	中国海螺创业控股有限公司	325
17	合肥美亚光电技术股份有限公司	386
18	苏宁易购集团股份有限公司	462
19	微盟集团	491
20	上海飞凯材料科技股份有限公司	498

2022年8月30日，胡润研究院发布2022年中全球独角兽榜，13家徽商企业上榜（见表18）。

表18　2022年中全球独角兽榜中的徽商企业

排名	企业名称	价值/亿元人民币	城市	行业
26	元气森林	1000	北京	食品饮料
50	车好多	670	北京	电子商务
192	旷视科技	280	北京	人工智能
203	哈啰出行	265	上海	共享经济
236	合众汽车	250	嘉庆	新能源汽车
630	比亚迪半导体	110	深圳	半导体
663	同盾科技	100	杭州	云计算
663	谊品生鲜	100	重庆	电子商务
663	老乡鸡	100	合肥	食品饮料
663	先导稀材	100	清远	新材料

续 表

排名	企业名称	价值/亿元人民币	城市	行业
951	先导薄膜	75	合肥	新材料
1000	春雨医生	67	北京	健康科技
1000	驴妈妈	67	上海	电子商务

2022年10月20日，胡润研究院携手知名品牌战略咨询公司欧赛斯联合发布《2022欧赛斯·胡润百亿潜力品牌榜》，100家最具成长潜力的中国本土企业上榜。5家徽商企业上榜，分别是：迎驾贡酒（第9位）、洽洽食品（第19位）、巴比食品（第59位）、志邦家居（第80位）、口子窖（第97位）。

2022年8月12日，福布斯中国发布“2022中国创新力企业50强”榜单。该榜单从商业模式、研发投入、自身成长性等基本维度出发，针对不同领域的发展现状、竞争以及行业趋势进行分析，评估企业创新实力。比亚迪、阳光电源、科大讯飞、华恒生物等4家徽商企业上榜。

2022年8月20日，由福布斯中国、中国电子商会联合主办，消费电子杂志社、消费保承办的“2022中国数字经济100强”发布盛典在江西上饶举行，美的集团、联想集团、比亚迪电子、科大讯飞、领益智造、三七互娱、苏宁易购等7家徽商企业上榜。

2022年11月2日，中国互联网协会在厦门举办中国互联网企业综合实力指数（2022）发布会暨百家企业高峰论坛，徽商企业贝壳集团、三七互娱、巨人网络入选榜单。

2022年12月27日，《财富》（中文版）发布2022年最受赞赏的中国公司榜单。有5家徽商企业入选，其中比亚迪股份有限公司、安徽海螺集团有限责任公司、联想集团入选全明星榜单，美的集团、科大讯飞入选行业明星榜单。

八、徽商百强榜

安徽财经大学新徽商研究中心、安徽江南徽商研究院通过对各级工商联、企联的企业百强排行进行梳理分析（本次统计未包括烟草和国网公司），结合上市公司公开年报，推出了一年一度的徽商百强榜。2022年徽商百强榜的入门门槛超过100亿元，其中有9家徽商企业营业收入过千亿元。2022年徽商百强榜见表19。

表19　2022年徽商百强榜

排名	企业名称	控制人/董事长	营业收入/亿元	总部所在地	是否上市
1	正威国际集团有限公司	王文银	6489.44	深圳	是
2	比亚迪股份有限公司	王传福	4520.53	深圳	是
3	联想集团有限公司	杨元庆	4442.09	北京	是
4	美的集团股份有限公司	方洪波	3685.29	佛山	是
5	铜陵有色金属集团控股有限公司	龚华东	2480.37	铜陵	是
6	安徽海螺集团有限责任公司	杨军	2365.71	芜湖	是
7	奇瑞控股集团有限公司	尹同跃	2086	芜湖	是
8	中国宝武马钢集团	丁毅	2093.28	马鞍山	是
9	中铁四局集团有限公司	刘勃	1526	合肥	是
10	安徽建工集团控股有限公司	杨善斌	801.20	合肥	是

续 表

排名	企业名称	控制人/董事长	营业收入/亿元	总部所在地	是否上市
11	苏宁易购集团股份有限公司	张近东	730	南京	是
12	淮北矿业集团有限责任公司	孙方	692.25	淮北	是
13	贝壳控股有限公司	彭永东	606.69	北京	是
14	合肥百大集团股份有限公司	沈校根	600.27	合肥	是
15	淮河能源控股集团	王戎	595.92	淮南	是
16	六安钢铁控股集团有限公司	王建兵	518.12	六安	否
17	合肥海尔工业园	李喜武	511.19	合肥	是
18	蔚来汽车	李斌	492.69	合肥	是
19	中科电力装备集团有限公司	王小飞	469.58	蚌埠	否
20	中国石化销售股份有限公司安徽石油分公司	韩雪岭	463.07	合肥	是
21	中国石油化工股份有限公司安庆分公司	刘晓华	459.83	安庆	否
22	安徽省交通控股集团有限公司	项小龙	451.22	合肥	是
23	雅迪科技集团有限公司	周经贵	420.48	无锡	是
24	阳光电源股份有限公司	曹仁贤	405	合肥	是
25	安徽江淮汽车集团控股有限公司	项兴初	403.14	合肥	是
26	中国十七冶集团有限公司	喻世功	401.81	马鞍山	否
27	安徽省皖北煤电集团有限责任公司	杨林	393.62	宿州	是
28	安徽楚江科技新材料股份有限公司	姜纯	373.50	芜湖	是

续 表

排名	企业名称	控制人/董事长	营业收入/亿元	总部所在地	是否上市
29	徽商银行	严琛	362.30	合肥	是
30	金鹏控股集团有限公司	孙元武	336.58	滁州	否
31	合肥维天运通信息科技股份有限公司	冯雷	336.38	合肥	是
32	文一投资控股有限公司	周育文	330.80	合肥	是
33	山鹰国际控股股份公司	吴明武	330.33	马鞍山	是
34	祥源控股集团有限责任公司	俞红华	300	合肥	是
35	安徽省能源集团有限公司	陈翔	278.53	合肥	是
36	安徽天大企业(集团)有限公司	叶世渠	274.77	滁州	否
37	合肥市建设投资控股(集团)有限公司	李宏卓	274.38	合肥	否
38	深圳迈瑞生物医疗电子股份有限公司	李西廷	252.70	深圳	是
39	合肥鑫晟光电科技有限公司	陈建军	243.60	合肥	否
40	叮咚买菜	梁昌霖	242.21	上海	是
41	中粮生物科技股份有限公司	殷建豪	234.69	蚌埠	是
42	深圳市汇川技术股份有限公司	唐柱学	228.63	深圳	是
43	安徽中鼎控股(集团)股份有限公司	夏鼎湖	223	宣城	是
44	国轩高科股份有限公司	李缜	211	合肥	是
45	合肥长安汽车有限公司	沈兴华	205.46	合肥	否
46	信义光能股份有限公司	董贶漼	205.46	芜湖	是

续 表

排名	企业名称	控制人/董事长	营业收入/亿元	总部所在地	是否上市
47	长虹美菱股份有限公司	吴定刚	202.15	合肥	是
48	安徽古井集团有限责任公司	梁金辉	200	亳州	是
49	芜湖新兴铸管有限责任公司	刘涛	198.82	芜湖	是
50	合肥京东方显示技术有限公司	陈小蓓	198.54	合肥	否
51	安徽伟星置业有限公司	章卡鹏	197.20	芜湖	否
52	安徽鸿路钢结构(集团)股份有限公司	商晓波	195.15	合肥	是
53	安徽辉隆投资集团有限公司	刘贵华	192.68	合肥	是
54	铜陵精达特种电磁线股份有限公司	李晓	183.30	铜陵	是
55	科大讯飞股份有限公司	刘庆峰	183.14	合肥	是
56	中煤矿山建设集团有限责任公司	郑玉建	177.80	合肥	否
57	合肥晶澳太阳能科技有限公司	李守卫	175.69	合肥	是
58	安徽出版集团有限责任公司	马占文	175.03	合肥	是
59	普联技术有限公司	赵建军	173.40	深圳	否
60	安徽丰原集团有限公司	李荣杰	173.39	蚌埠	是
61	南京金箔控股集团有限责任公司	江楠	170.55	南京	否
62	铜陵化学工业集团有限公司	徐均生	168.82	铜陵	否
63	联合利华服务(合肥)有限公司	方炜	167.18	合肥	否
64	华孚时尚控股有限公司	孙伟挺	167.08	绍兴	是
65	安徽天康(集团)股份有限公司	赵宽	166.92	滁州	否

续 表

排名	企业名称	控制人/董事长	营业收入/亿元	总部所在地	是否上市
66	安徽新华发行(集团)控股有限公司	吴文胜	164.97	合肥	是
67	三七互娱网络科技集团股份有限公司	李卫伟	162.16	广州	是
68	安徽国元金融控股集团有限责任公司	黄林沐	161.98	合肥	是
69	安徽叉车集团有限责任公司	杨安国	156.73	合肥	是
70	滁州惠科光电科技有限公司	杭井强	156.60	滁州	是
71	安徽昊源化工集团有限公司	凡殿才	155	阜阳	否
72	安徽省技术进出口股份有限公司	程峰	153	合肥	否
73	深圳市长盈精密技术股份有限公司	陈奇星	152.81	深圳	是
74	中安华力建设集团有限公司	王坤	150.36	合肥	否
75	安徽淮海实业发展集团有限公司	汤忠喜	148	淮北	否
76	安徽省贵航特钢有限公司	候镜清	141.15	池州	否
77	安徽华源医药集团股份有限公司	王军	138.48	阜阳	否
78	安徽灵通集团控股有限公司	谢同宝	136.31	铜陵	否
79	晶宫控股集团有限公司	刘海泉	131.02	阜阳	否
80	国药控股安徽有限公司	连万勇	127.10	合肥	是
81	中国化学工程第三建设有限公司	占德庆	126.40	淮南	是
82	中煤新集能源股份有限公司	陈培	124.89	淮南	是

续 表

排名	企业名称	控制人/董事长	营业收入/亿元	总部所在地	是否上市
83	安徽天星医药集团有限公司	疏义杰	124	合肥	否
84	安徽环新集团股份有限公司	潘一新	122.44	安庆	否
85	天水华天科技股份有限公司	肖胜利	120.97	天水	是
86	中建四局第六建设有限公司	王海军	119.73	合肥	否
87	芜湖市富鑫钢铁有限公司	王文华	112.76	芜湖	否
88	安徽宝业建工集团有限公司	高君	112.50	合肥	否
89	科达制造股份有限公司	边程	111.57	佛山	是
90	长江精工钢结构(集团)股份有限公司	方朝阳	110.59	六安	是
91	中国能源建设集团安徽电力建设第一工程有限公司	董俊顺	107.68	合肥	是
92	香农芯创科技股份有限公司	李小红	107.68	宣城	是
93	安徽乐富强控股集团有限公司	刘静雯	106	合肥	否
94	安徽汽贸投资有限公司	吕伟民	105.62	合肥	否
95	天邦食品股份有限公司	张邦辉	105.07	宁波	是
96	申洲针织(安徽)有限公司	马建荣	104.20	安庆	否
97	安徽鸣华投资有限公司	郭昌平	103.46	合肥	否
98	安徽省众城集团	吴锐	102.36	合肥	否
99	格力电器(合肥)有限公司	庄培	102.17	合肥	否
100	合肥华泰集团股份有限公司	陈先保	100.39	合肥	是

对2022年徽商百强榜中徽商企业的总部所在地进行分析发现，其中安徽省内82家，安徽省外18家。

对2022年徽商百强榜中总部在安徽的企业进行分析发现，省内16个地级市中，在合肥的企业最多，有43家，在芜湖市的有7家，黄山市营收超100亿的企业目前还没有（见图2）。

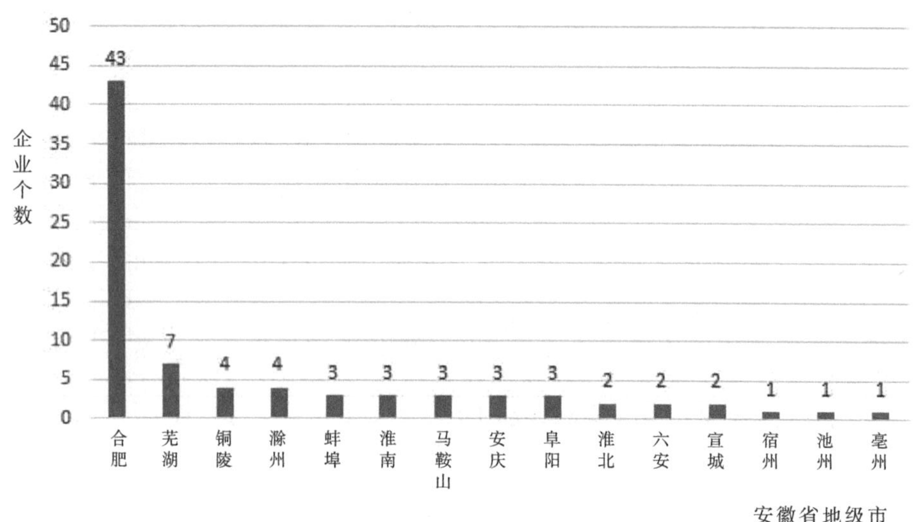

图2　2022年徽商百强榜中省内徽商企业总部所在地分布

对2022年徽商百强榜中的徽商企业是否上市情况进行分析发现，其中有64家为上市企业或控股上市企业，36家为未上市企业。

徽商人物

本书中的徽商人物是指省内外的各类徽商企业家，包括省外安徽籍的企业家和省内的企业家，他们传承徽商文化，弘扬徽商精神和企业家精神，带领企业开拓进取，不断创新，在各领域领跑行业发展。

一、2022年福布斯、胡润、《财富》中文网榜单

2022年11月11日，福布斯发布2022年中国内地富豪榜，100位上榜者中有5位徽商企业家（见表20）。

表20　2022年福布斯中国内地富豪榜中的徽商企业家

序号	姓名	职位	2022年排名	2021年排名
1	王传福	比亚迪汽车股份有限公司董事局主席	11	14
2	王文银	正威国际集团董事局主席	12	25
3	李西延	深圳迈瑞生物医疗电子股份有限公司董事长	18	24
4	吕向阳	融捷控股集团董事长	18	24
5	曹仁贤	阳光电源董事长	33	47

2022年11月8日，胡润研究院发布了2022衡昌烧坊·胡润百富榜，榜单前100位中有6位徽商企业家入选（见表21）。

表21 2022衡昌烧坊·胡润百富榜中的徽商企业家

序号	姓名	企业	财富/亿元	排名
1	吕向阳、张长虹夫妇	融捷控股	1500	11
2	王传福	比亚迪	1450	14
3	李西廷	迈瑞医疗	1100	26
4	王文银家族	正威国际	1100	26
5	李彦宏、马东敏夫妇	百度	755	46
6	曹仁贤	阳光电源	510	83

2022年4月8日，《财富》中文网发布了2022年中国最具影响力的50位商界领袖榜单。有4位徽商企业家入选（见表22）。

表22 2022年《财富》中文网中国最具影响力的50位商界领袖榜中的徽商企业家

序号	姓名	职位	排名
1	王传福	比亚迪股份有限公司董事长兼总裁	7
2	方洪波	美的集团股份有限公司董事长兼总裁	27
3	杨元庆	联想集团董事长兼首席执行官	40
4	李斌	蔚来创始人、董事长兼首席执行官	50

2022年8月18日，福布斯发布了2022年中国最佳CEO排行榜企业家，共有50位企业CEO上榜，其中有3位徽商企业家上榜（见表23）。

表23　2022年福布斯中国最佳CEO排行榜中的徽商企业家

序号	姓名	公司简称	排名
1	王传福	比亚迪	1
2	周庆伍	古井贡酒	22
3	葛春贵	淮北矿业	50

二、2022徽商年度创新人物

2022年9月20日，在2022年世界制造业大会·徽商论坛上，2022徽商年度创新人物榜单重磅发布（见表24）。

“徽商年度创新人物”评选始于2016年，6年来，已有数十位创新者登上“徽商年度创新人物”榜单，他们所在的行业几乎涵盖了所有最具创新力的领域，将这些创新者连接起来，就能描绘出中国经济发展的创新图谱，擘画出未来经济增长的创新内核。

表24　2022徽商年度创新人物

序号	姓名	职位
1	李多珠	上海鼎衡航运科技有限公司董事长
2	吴佳奇	安徽上元农林科技集团有限公司董事长
3	沈丹婷	北京亚信数据有限公司联合创始人、董事长
4	张德强	维信诺科技股份有限公司董事长
5	林劲峰	盈信投资集团董事长、徽酒集团董事长
6	洪清华	奇创旅游集团董事长、景域驴妈妈集团创始人
7	倪黄忠	深圳市时创意电子有限公司董事长

续 表

序号	姓名	职位
8	潘保春	合肥荣事达电子电器集团有限公司董事长
9	瞿磊	盛视科技股份有限公司创始人、董事长
10	朱双单	旭阳集团董事长

三、2022年其他榜单中的徽商

2022年11月29日，“口子窖（兼香518）·我们的奋斗——2022安徽年度经济人物”评选颁奖盛典在安徽广播电视台演播厅举行。这是安徽广播电视台主办，安徽经济生活频道承办的一档大型公益品牌活动，以“我们的奋斗”为主题，聚焦安徽年度经济热点，解读经济人物奋斗故事，共享安徽经济发展的骄人成绩。这项活动举办15年来，记录了安徽经济腾飞的踏实脚步，也记录了每一位奋斗者的逐浪英姿。这项活动得到了安徽省经济主管部门的大力支持，受到了众多媒体的热情关注，取得了良好的社会效益，成为安徽媒体界和经济界一年一度的行业盛事。表25所示为2022安徽年度经济人物。

表25　2022安徽年度经济人物

序号	姓名	职位
1	徐淙祥	阜阳太和县“种粮能手”
2	吴伍兵	安徽龙成农林发展集团董事长
3	葛皖镝	大众汽车(安徽)有限公司首席执行官
4	周莉莎	盟维科技联合创始人兼首席执行官

续 表

序号	姓名	职位
5	许立新	合肥全色光显科技有限公司董事长
6	黄开先	合肥登特菲医疗设备有限公司副董事长兼总经理
7	姚和平	安徽安利材料科技股份有限公司董事长、总经理
8	徐滨	安徽徽采科技有限公司董事长
9	王海军	中建四局六公司党委书记、董事长
10	朱青	安徽省水利水电勘测设计研究总院副院长

2022年12月12日，《中国企业家》杂志发布了一年一度的“25位年度影响力企业领袖”，6位徽商企业家入围该榜单，分别是比亚迪创始人、董事长兼总裁王传福（安徽无为人），华润集团董事长王祥明（安徽怀远人），美的集团董事长兼总裁方洪波（安徽枞阳人），蔚来创始人、董事长、CEO李斌（安徽太湖人），联想集团董事长兼CEO杨元庆（安徽合肥人），正威国际集团创始人、董事局主席王文银（安徽潜山人）。

2023年2月20日，在第34届全国医药经济信息发布会期间“2022中国医药经济年度人物”正式揭晓。本届中国医药经济年度人物评选标准以“担当、拓新、国际化、影响力”为关键词，以公众影响力、研发创新力、市场盈利能力、国际化能力和社会贡献度等多个评选参数考量候选人资格。徽商企业家悦康药业集团董事长于伟仕入选“2022中国医药经济年度人物”。

2022年5月13日，“2022新财富500富人榜”正式发布。数据显示，2022年榜单的上榜门槛为93.7亿元，已连续4年提升，但上榜人的总财富比2021年降1.1万亿元，仅16.5万亿元。安徽财经大学新徽商研究中心通过对该榜单进行梳理分析，其中有17位徽商企业家（见表26）。

表26 “2022新财富500富人榜”中的徽商企业家

序号	姓名	主要公司	排名
1	王传福	比亚迪	11
2	李西廷	迈瑞医疗	12
3	吕向阳	融捷投资管理	21
4	曹仁贤	阳光电源	54
5	李斌	蔚来汽车	112
6	王文银/刘结红	正威国际	135
7	李永新/鲁忠芳	中公教育	156
8	董经贵/钱静红	雅迪控股	187
9	唐彬森	元气森林	194
10	陶悦群	欧普康视	280
11	李坦/李锂	海普瑞	307
12	田明	美亚光电	312
13	倪永培	迎驾贡酒	330
14	史玉柱	巨人投资	332
15	商晓波/邓烨芳	鸿路钢构	345
16	陈先保	洽洽食品	369
17	李缜	国轩高科	391

2023年1月6日，“2022中国十大经济年度人物”颁奖盛典在北京举行。“中国梦杯·中国经济新闻人物——2022十大经济年

度人物”评选活动由中国经济传媒协会主办，新浪财经、第一财经联合承办，从“创新性、颠覆性、前瞻性、成长性、持续性”五个维度出发，评选出2022年引领商业之美、产业创变、时代之潮的十大经济年度人物和经济年度人物新锐奖得主。2位徽商企业家当选“2022十大经济年度人物”，分别是美的集团董事长兼总裁方洪波和比亚迪股份有限公司董事长兼总裁王传福。

四、徽商百富榜

安徽财经大学新徽商研究中心、安徽江南徽商研究院通过对各类财富榜单的梳理分析，结合公开报道，推出了一年一度的徽商百富榜（见表27）。2022年徽商百富榜的入门门槛为23亿元，其中有4位徽商的财富超过千亿元。

表27　2022年徽商百富榜

序号	姓名	企业	财富/亿元	籍贯	企业总部所在地
1	吕向阳	融捷控股	1500	无为	深圳
2	王传福	比亚迪	1450	无为	深圳
3	王文银	正威国际	1100	潜山	深圳
4	李西廷	迈瑞医疗	1100	砀山	深圳
5	曹仁贤	阳光电源	510	杭州	合肥
6	史玉柱	巨人网络	315	怀远	上海
7	董经贵	雅迪控股	265	六安	无锡
8	李坦	海普瑞	195	阜阳	深圳
9	李斌	蔚来汽车	195	太湖	合肥

续 表

序号	姓名	企业	财富/亿元	籍贯	企业总部所在地
10	陶悦群	欧普康视	160	和县	合肥
11	张亚	国光电气	145	蚌埠	深圳
12	田明	美亚光电	145	合肥	合肥
13	陈先保	洽洽股份	140	合肥	合肥
14	倪永培	迎驾集团	135	霍山	六安
15	吴绪顺	三七互娱	130	南陵	芜湖
16	刘修才	凯赛生物	125	滁州	上海
17	马东敏	百度网络	120	六安	北京
18	唐彬森	元气森林	120	合肥	北京
19	张近东	苏宁易购	120	天长	南京
20	商晓波	鸿路钢构	115	嵊州	合肥
21	余竹云	中环控股	115	衢州	合肥
22	刘士强	乐富强	110	阜阳	合肥
23	梁昌霖	叮咚买菜	105	合肥	上海
24	张桂平	苏宁环球	100	天长	南京
25	陈广川	同曦集团	100	固镇	南京
26	方洪波	美的集团	100	枞阳	佛山
27	井贤栋	蚂蚁集团	100	滁州	杭州
28	李缜	国轩高科	95	桐城	合肥
29	李卫伟	三七互娱	95	成都	芜湖
30	夏鼎湖	中鼎股份	90	宁国	宣城

续 表

序号	姓名	企业	财富/亿元	籍贯	企业总部所在地
31	曾开天	三七互娱	90	广州	芜湖
32	汪顾亦珍	德昌机电	90	休宁	香港
33	黄金祥	安徽广信	85	广德	宣城
34	王乐康	明微电子	85	池州	深圳
35	杨浩涌	车好多	84	合肥	北京
36	方同华	珍宝岛	80	亳州	哈尔滨
37	刘庆峰	科大讯飞	80	泾县	合肥
38	陈奇星	长盈精密	75	望江	深圳
39	张桂平	苏宁环球	70	来安	滁州
40	沈基水	同庆楼	70	当涂	合肥
41	杨迎春	金和实业	68	天长	南京
42	宋礼华	安科生物	68	当涂	合肥
43	陈伟忠	科顺科技	65	安庆	佛山
44	徐进	口子酒业	64	濉溪	淮北
45	程先锋	亿帆医药	62	合肥	合肥
46	钱俊冬	三人行	62	无为	西安
47	梁建坤	寒锐钴业	60	全椒	南京
48	蔡浩	中信博	60	宿松	苏州
49	唐柱学	汇川技术	58	泗县	深圳
50	杜应流	应流集团	56	霍山	合肥
51	毕国祥	宝迪集团	55	桐城	天津

续 表

序号	姓名	企业	财富/亿元	籍贯	企业总部所在地
52	束小龙	老乡鸡	55	肥西	合肥
53	刘冀鲁	鼎泰新材	55	当涂	香港
54	余承东	华为技术	54	六安	深圳
55	吴俊保	新华教育	52	合肥	合肥
56	阎焱	赛富投资	51	安庆	北京
57	何佳	易事特	50	宿松	东莞
58	李晖	风语筑	50	淮南	上海
59	郑伟鹤	同创伟业	50	芜湖	深圳
60	王念强	比亚迪	50	铜陵	深圳
61	李军	宝明科技	48	宣城	深圳
62	刘会平	巴比食品	48	怀宁	上海
63	孙尚传	大富科技	46	蚌埠	深圳
64	陈民	嘉美包装	46	滁州	滁州
65	夏靖	味知香	45	合肥	苏州
66	于伟仕	悦康药业	45	阜阳	北京
67	孙伟挺	华孚时尚	45	绍兴	淮北
68	章燎原	三只松鼠	43	绩溪	合肥
69	王海鹏	美盈森	42	蒙城	深圳
70	刘建德	科思科技	42	淮北	深圳
71	刘安省	口子酒业	42	淮北	淮北
72	杨元庆	联想集团	40	合肥	北京

续 表

序号	姓名	企业	财富/亿元	籍贯	企业总部所在地
73	梁金达	金达石油	40	滁州	南京
74	程宗玉	名家汇	39	六安	深圳
75	陈志杰	振邦智能	36	亳州	深圳
76	张维	基石资本	35	和县	深圳
77	姜纯	楚江新材	35	无为	芜湖
78	徐善水	集友股份	30	望江	安庆
79	陈光标	黄埔再生	30	滁州	南京
80	黄明松	科大智能	30	六安	上海
81	陈继锋	沃尔德	29	亳州	北京
82	张邦辉	天邦食品	28	和县	南京
83	郑之开	维宏股份	28	宿松	上海
84	边程	科达制造	27	马鞍山	佛山
85	孙涛勇	微盟股份	26	宿松	上海
86	周夏耘	中公教育	26	宁国	芜湖
87	史清	裕太微	26	马鞍山	苏州
88	方朝阳	长江精工	26	绍兴	六安
89	印奇	旷视科技	25	芜湖	北京
90	马驹	宝立食品	25	安庆	上海
91	陆为东	欧圣电气	25	阜阳	苏州
92	姚成志	美诺华	25	霍山	宁波
93	彭志恩	奥锐特	25	桐城	天台

续 表

序号	姓名	企业	财富/亿元	籍贯	企业总部所在地
94	季俊虬	立方药业	24	蚌埠	合肥
95	高志江	超越环保	24	信阳	滁州
96	蒋学鑫	壹石通	23	蚌埠	怀远
97	方兴	盛弘股份	23	青阳	深圳
98	肖胜利	华天科技	23	桐城	西安
99	李广元	尚纬股份	23	无为	乐山
100	张金山	飞凯材料	23	宿松	上海

在该榜单中，融捷控股董事长吕向阳以财富值1500亿元位居第一。其后，比亚迪董事长王传福以财富值1450亿元位居第二，正威国际董事长王文银以财富值1100亿元位居第三，迈瑞医疗董事长李西廷以财富值1110亿元位居第四。这4位徽商企业家财富超过千亿元，荣登2022年徽商百富榜的前四名（见表28）。

表28　2022年徽商百富榜中的千亿徽商

序号	姓名	企业	财富/亿元	籍贯	企业总部所在地
1	吕向阳	融捷控股	1500	无为	深圳
2	王传福	比亚迪	1450	无为	深圳
3	王文银	正威国际	1100	潜山	深圳
4	李西廷	迈瑞医疗	1100	砀山	深圳

对徽商百富榜中企业家的籍贯进行分析，结果如图3所示，其中有16位企业家的籍贯是安庆市，在安徽省地级市中的数量最多。其次是滁州市和合肥市，分别有10位。包含6～8位企业家籍贯的地级市有芜湖市、马鞍山市、六安市、蚌埠市和宣城

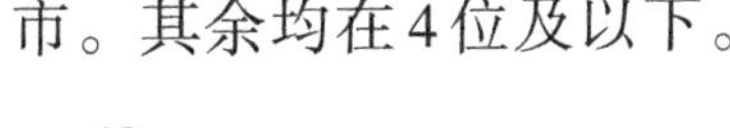
市。其余均在4位及以下。

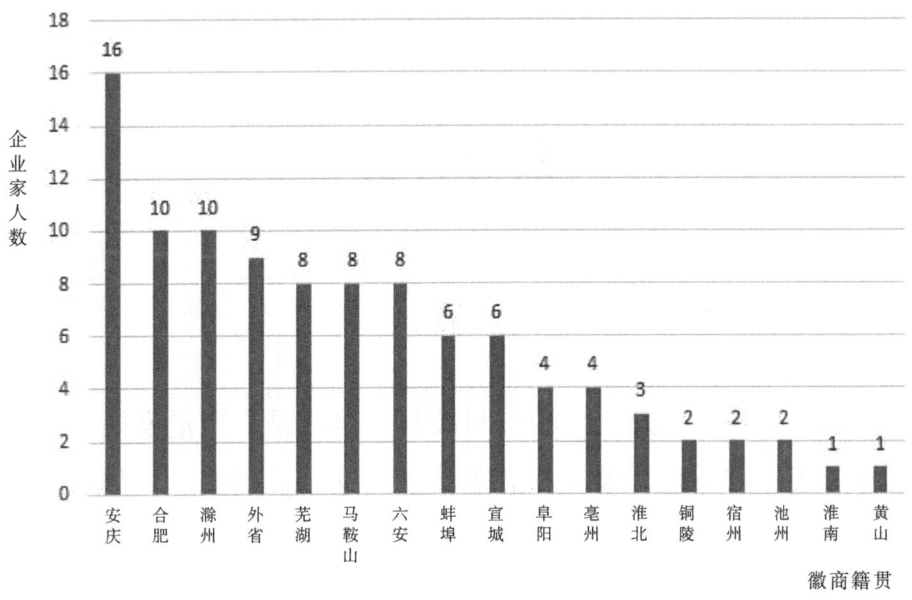

图3　2022年徽商百富榜中企业家籍贯分布

就财富绝对值来看，该榜单中财富值超1000亿元的有4位，财富值在101亿～1000亿元的有19位，财富值在51亿～100亿元的有33位，财富值在23亿～50亿元的有44位（见图4）。

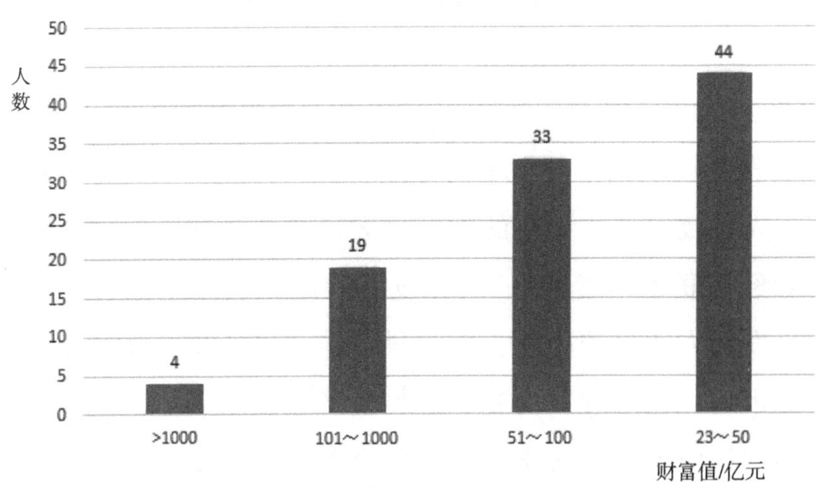

图4　2022年徽商百富榜财富值分析

徽商科创

创新是发展的第一动力。科技自立自强是高质量发展的战略支撑。近年来，广大徽商一直聚焦创新这个关键变量，加快科技创新攻坚力量体系建设，推进原始创新、产业创新、协同创新、制度创新，既造“科技高峰”又造“科技高原”，因为要实现弯道超车、跨越发展，关键靠创新。在科创领域，徽商正在不断超越，开创新辉煌。

一、中国科学技术大学科技商学院组建

2022年10月26日，中国科学技术大学科技商学院正式成立。由安徽省人民政府、中国科学技术大学（简称“中国科大”）、合肥市人民政府合作共建的中国科大科技商学院，旨在推动解决科研和经济联系不紧密、“两张皮”问题，利用中国科大雄厚的科技研发和人才培养能力，跨学科培养“懂科技、懂产业、懂资本、懂市场、懂管理”的复合型科技产业组织人才，培养有企业家精神的科学家和有科学家精神的企业家。发展科技产业，需要有企业家精神的科学家和有科学家精神的企业家。中国科大科技

商学院践行教育、科技、人才“三位一体”理念，面向科技和产业跨界融合设置课程体系，注重全新的学科建设，研究科技产业成长的机理学理，探索建立科技产业组织学学科体系，努力打造富有中国特色、具有全球重要影响力的世界一流科技型商学院。

二、“科大硅谷”建设启动

“科大硅谷”是聚焦创新成果转化、创新企业孵化、创新生态优化，以中国科大等高校院所全球校友为纽带，汇聚世界创新力量，发挥科技体制创新引领作用，立足合肥城市区域新空间打造的科技创新策源地、新兴产业聚集地示范工程。2022年7月7日，安徽省人民政府新闻办举行新闻发布会，通报了省政府印发的《“科大硅谷”建设实施方案》相关政策举措。该方案先期规划建设“一核两园一镇”功能承载区，其中，“一核”即“科大硅谷”核心区，位于合肥高新区中安创谷周边区域，计划布局一批高品质创新创业平台，建设“科创+产业+自由交流空间”集中连片区域，打造“科大硅谷”形象展示窗口。“两园”是指“科大硅谷”蜀山园和高新园。其中，蜀山园位于合肥市蜀山区中国科大本部周边和科学岛路周边，计划打造中国科大科技园、博士创新创业园、新医学和新工科成果转化平台、科创市场服务中心等，构建孵化功能区和国际合作区。高新园则位于中国科大高新园区周边，依托中国科大先进技术研究院、中科院合肥技术创新工程院等各具特色的空间载体，建设校友创业孵化、成果转移转化的集中区。“一镇”即“讯飞小镇”，位于合肥高新区西扩区域，规划建设企业总部、研发中心和创新者共享与交流空间等，配套最优的现代高端生活设施，打造“生产、生活、生态”三生共融、诗意栖居的创新生态。

另外，未来拓展区还规划将运河新城打造成“科大硅谷”高端产业集聚区，并按照“成熟一个、启动一个”的原则，适时在合肥经开区、包河区、庐阳区、庐江县等具有条件的区域，打造若干专业片区。

建设“科大硅谷”是深化科技体制改革、推进产学研深度融合的实践探索，目的是广泛汇聚全球最高端的创新资源，构建科产城融合的创新生态，努力建设极具活力、引领未来、享誉世界的“创新之谷”。

到2025年，“科大硅谷”争取汇聚各类优秀人才超10万名，形成多层次基金体系，基金规模超2000亿元；集聚科技型企业、新型研发机构、科创服务机构等超1万家，培育高新技术企业1000家，上市公司和独角兽企业50家以上，形成一批可复制可推广的制度成果，成为全国科技体制创新的标杆。

三、安徽区域创新能力不断提升

2022年12月10日，《中国区域创新能力评价报告2022》以线上形式发布，安徽省2022年度区域创新能力排名第7，比2021年前进一位，连续10年位居全国“第一方阵”。

增强“第一动力”，保持“第一方阵”，把科技自立自强作为跨越发展战略支撑，让安徽勇立全国创新发展格局的潮头。安徽一直将创建国家实验室作为科技创新“一号工程”，挂牌成立了全国首个国家实验室；组建合肥综合性国家科学中心，成为全国

第二个、中西部首个国家创新体系基础平台；新建稳态强磁场、聚变堆主机关键系统综合研究设施等一批国家重大科技基础设施，形成“建成3个、在建4个、拟建3个、谋划2个”大科学装置的重大科技基础设施梯次发展格局，规划的19.2平方公里世界级大科学装置集中区已现雏形。

坚持“四个面向”，对标世界一流，安徽凝心聚力打好关键核心技术攻坚战。发射全球首颗量子科学实验卫星“墨子号”，实现“千里纠缠、星地传密、隐形传态”三大突破；研制“九章号”“祖冲之号”系列量子计算原型机，让中国量子算力领先全球；利用有“人造太阳”之称的大科学装置全超导托卡马克，创造1.2亿摄氏度“燃烧”101秒的新世界纪录……一批世界级重大科技成果，在安徽涌现。

关键核心技术要不来、买不来、讨不来，安徽注重“从0到1”的原始创新，将科技发展主动权掌握在自己手中，为经济社会发展提供有力的科技保障。

在量子科技领域，从2012年在国际上首次成功制备八光子薛定谔猫态，到2021年研制出113个光子的“九章二号”量子计算原型机，安徽的科研团队10年间9次刷新量子操纵数量世界纪录，推动我国在量子计算、量子通信、量子精密测量三大应用方向上均进入世界第一方阵，部分方面实现领跑。

在强磁场领域，稳态强磁场实验装置使我国在该领域跃居世界五强，依托装置取得“首次发现外尔轨道导致的三维量子霍尔效应”等重要科研突破，并衍生出扫描显微成像、国家Ⅰ类抗癌创新靶向药物等应用技术成果。

在聚变能源领域，瞄准建设世界首个聚变示范电站，“人造太阳”近10年来先后创造了“2000万摄氏度400秒”“等离子体1亿摄氏度”“101.2秒稳态长脉冲”“1.2亿摄氏度101秒”等世界纪录，使我国在聚变能源研究领域跃居国际前列，并衍生出超导材料、质子医疗、氦制冷等多项应用技术。

服务人类命运共同体，汇聚天下科技英才。安徽致力建设的国家战略科技力量体系，正产生越来越大的国际影响力和吸引力。

2022年11月27日，我国首个国际先进技术应用推进中心在安徽合肥正式成立。该中心将选定海陆空全空间无人体系、电子处方流转及药品交易结算体系、数据交易体系等“五大体系”开展建设和研究。同时，面向未来产业发展方向，重点布局航天产业、航空工业、生物医药产业、新型能源产业、新材料领域、智能系统、自主可信计算、种业等“八大领域”，采取先进技术应用母基金和前沿科学公益基金会两大支持模式。该中心将对标国际一流智库，搭建世界级先进技术应用推广平台，建立与重要科研院所、重要高校、重要国有企业、重要创新型领军企业和创新联合体的联系机制，加快汇聚国内外前沿技术创新成果和高端创新要素，全面对接产业链供应链“锻长板”和“补短板”一线需求。这将有力打破制约产业发展和创新要素流动的信息壁垒和市场准入限制，推动先进创新成果直接应用转化。

在安徽，科技创新有一个形象的比喻，叫“栽树工程”。抓科技创新，既要有久久为功的韧劲，又要善于选种培植，打造出“乔木”参天、“灌木”茁壮、“苗木”葱郁的创新生态。安徽努力让每一个创新者都能找到承载梦想的土壤，让每一家创新企业都能更好发展，为“十四五”跨越式发展增添新动能。

“沿途下蛋”，是安徽对重大科技成果提前进入产业化的一种形象比喻。合肥的量子产业，是前沿科技“沿途下蛋”的典型。量子计算被认为可能是下一代信息革命的关键技术。当“量子”在很多地方还处在概念阶段时，安徽鼓励科研人员在起步初期就将成果转化落地。

四、科创资本创投合肥

近年来，合肥正在吸引着越来越多的VC/PE（VC即风险投资，PE即私募股权投资）。2022年初，合肥市人民政府设立总规模200亿元的引导母基金，引导社会资本合作设立各类专项基金，支持合肥科技创新发展。为进一步激励股权投资基金扩大投资，相关政策规定：私募股权、创业投资基金投资合肥种子期、初创期科技型企业和市人才政策奖励的人才及团队创办的企业，且持股超过一定期限的，将按单个企业实际投资额的10%，给予基金管理机构最高100万元奖励，每家基金管理机构年奖励总额不超过500万元；对当年投资合肥种子期、初创期科技型企业1000万元以上的各类私募股权、创业投资基金，将参照其管理团队的贡献给予奖励。并且旗帜鲜明地指出，力争5年内培育5~10家具有影响力和美誉度的本地基金品牌，引进不少于50家行业领先的知名基金管理机构，实现备案基金管理规模不少于5000亿元的股权投资基金体系。

2022年11月，合肥高新区正式发布《建设世界领先科技园区进一步支持科技创新若干政策举措》，即“创九条”，重点围绕平台、人才、转化、技术、孵化、企业、金融、场景、服务9个核心维度，在支持创新平台建设、引进高层次人才团队、促进科技成果转化、支持核心技术攻关、培育壮大创新主体、加强创新创业孵化、加大金融支持力度、支持科技成果场景示范应用、强化项目全生命周期服务等9个方面，出台16条具体支持政策。其中提到，将设立未来产业成果转化基金，提高基金风险容忍度到50%；创新金融产品，支持科技企业债权融资。

实际上，合肥市各区县也相继建立了产业投资基金——截至2022年底，合肥蜀山区人民政府引导基金已对外参股了6只基金，参股基金总规模169亿元，已对辖区内的20多家优质企业实施返投；合肥庐阳区依托庐阳科创集团平台嫁接社会资本，参与或组建的基金已包含长三角数字基金、合肥数字产业投资基金、庐阳天使基金等在内的12支基金，总规模突破50亿元……

2022年7月初，安徽7支基金集中揭牌。这7支基金分别为安徽省国资系统新兴产业发展基金、产业转型升级基金、碳中和基金、工业互联网基金、新型基础设施建设基金、混合所有制改革基金、战略投资基金。其中前6支为母基金，最后1支为直投基金，基金总规模超过400亿元，力争形成总规模1000亿元以上的基金集群。

可以看到，整个安徽省都在大举发力创投。2022年，安徽省搭建了由财政出资和国有企业出资、总规模不少于3000亿元的省级政府性股权投资基金体系，通过参股赋能市县政府基金、市场化基金，带动产业链上下游项目投资安徽。

据不完全统计，2022年安徽省完成或宣布设立的母基金超过10支，有40笔对外出资，已披露的出资有18笔，规模近49亿元，包括肥西100亿元母基金，合肥200亿高质量发展引导基金有限公司、新能源汽车和智能网联汽车产业主题基金，阜阳总规模100亿元的阜阳市电子信息及光电显示产业投资基金，等等。

2022年，徽商唐彬森带来的新基金——合肥挑战者双子号创业投资合伙企业（有限合伙）（即“合肥挑战者基金”）已完成注册，落户合肥金融广场。这意味着，挑战者创投最新的一支25亿规模的基金正式落地合肥。

在合肥，独角兽企业不断增多。独角兽企业作为新经济范式的典型代表，具有爆发式成长、颠覆式创新等特征。独角兽企业作为创新要素整合者，也是体现区域科技创新能力的重要指标。中国独角兽企业标准包括：（1）在中国境内注册的，具有法人资格的企业；（2）成立时间不超过十年；（3）获得过专业投资机构的私募投资，且尚未上市；（4）符合标准（1）（2）（3）且企业估值超过（含）10亿美元。

截至2022年，据相关报告显示，合肥拥有独角兽企业长鑫存储、讯飞医疗、本源量子、国仪量子、先导薄膜、元气森林、晶合集成、企迈科技、顾中科技，主要分布在集成电路、数字医疗、量子科技、新材料、新零售等领域，拥有伏达半导体、生鲜传奇、全芯智造、景泽生物、企迈科技、海图微电子、阿基米德半导体、中科迪宏、中科晶格、御微半导体、岭雁科技、睿科微电子、美智科技、中科类脑、安徽均胜汽车、欣奕华、芯谷微电子等潜在独角兽企业。

五、500家科创板上市企业中的徽商上市企业

截至2022年底，全国科创板上市企业总数达到了500家。其中2019年上市70家，2020年上市145家，2021年上市162家，2022年截至目前上市123家。在500家科创板上市企业中，徽商企业有31家，其中安徽省内徽商企业19家，省外徽商企业12家（见表29）。

表29　500家科创板上市企业中的徽商上市企业

序号	公司名称	股票代码	徽商	籍贯
1	沃尔德	688028	陈继锋	亳州
2	睿创微纳	688002	方平	安庆
3	长阳科技	688299	金亚东	六安
4	凯赛生物	688065	刘修才	滁州
5	明微电子	688699	王乐康	池州
6	科思科技	688788	刘建德	合肥
7	中信博	688408	蔡浩	安庆
8	悦康药业	688658	于伟仕	阜阳
9	国光电气	688776	张亚	蚌埠
10	奥福环保	688021	潘吉庆	蚌埠
11	振华风光	688439	张亚	蚌埠
12	思科瑞	688053	张亚	蚌埠
13	通源环境	688679	杨明	合肥
14	科威尔	688551	傅仕涛	合肥

续 表

序号	公司名称	股票代码	徽商	籍贯
15	会通股份	688219	李健益	合肥
16	江航装备	688586	宋祖铭	合肥
17	大地熊	688077	熊永飞	合肥
18	埃夫特	688165	许礼进	安庆
19	国盾量子	688027	彭承志	衡阳
20	皖仪科技	688600	臧牧	宿州
21	巨一科技	688162	林巨广	合肥
22	壹石通	688733	蒋学鑫	蚌埠
23	容知日新	688768	聂卫华	马鞍山
24	工大高科	688367	魏臻	芜湖
25	华恒生物	688639	郭恒华	马鞍山
26	芯碁微	688630	程卓	六安
27	元琛科技	688659	徐辉	合肥
28	耐科装备	688419	黄明玖	铜陵
29	恒烁股份	688416	吕向东	合肥
30	汇成股份	688403	郑瑞俊	合肥
31	井松智能	688251	姚志坚	合肥

徽商回归

一、2022年徽商回归资金近千亿元

2022年1—12月，徽商回归项目资金稳速增长。2022年1—12月，安徽省亿元以上在建徽商回归项目650个，徽商投资额1821亿元，实际到位资金1034.5亿元，同比增长17.1%。新建亿元以上项目486个，徽商投资额1093.1亿元，实际到位资金859.4亿元。新建10亿元以上大项目24个，实际到位资金173.2亿元。其中，落地合肥的10亿元以上大项目7个，实际到位资金42.8亿元。

从项目落地来看，在建徽商回归项目到位资金排名前五的城市依次为合肥市、阜阳市、滁州市、安庆市和宿州市，5市到位资金共449.1亿元，占总到位资金比重43.4%。由于大项目的带动作用，宿州市到位资金增长较快，以86.5亿元跃居全省第五位（见表30）。

从项目来源地来看，在建徽商回归项目主要来源地为北京市、上海市、江苏省、浙江省、广东省等地，到位资金从高到低排序依次为江苏省、上海市、广东省、浙江省和北京市。

表30　2022年1—12月徽商回归项目数和到位资金统计

项目落地	项目数/个	到位资金/亿元
合肥市	123	154.0
淮北市	2	4.1
亳州市	7	30.2
宿州市	50	86.5
蚌埠市	34	66.3
阜阳市	117	134.3
淮南市	5	8.6
滁州市	72	131.4
六安市	36	69.2
马鞍山市	7	12.1
芜湖市	31	64.2
宣城市（广德市）	40（15）	57.8（23.1）
铜陵市	21	23.0
池州市	25	29.5
安庆市（宿松县）	41（3）	96.9（2.9）
黄山市	39	66.4
总计	650	1034.5

从产业分布来看，一产项目21个，实际到位资金29.2亿元；二产项目510个，实际到位资金770.9亿元；三产项目119个，实际到位资金234.5亿元。十大新兴产业到位资金782.1亿元，同比增长10.7%，占总到位资金比重75.6%。

二、2022年多地举办商帮大会

商帮是以地域为中心，以血缘关系、乡谊为纽带，以“相亲相助”为宗旨的对区域经济产生重大影响的商人群体。每个商帮都有共同的价值观，即具有共性的区域文化，他们对助推产业经济发展起着非常重要的作用。中国商帮，既是波澜壮阔的历史符号，也是社会、政治、经济、民生的真实写照。从古至今，虽然有商帮更迭，但他们用一次次的蜕变，与时代相融合，在中国社会经济转型的节点发挥着重要作用。

商帮的发展有助于贯彻落实供给侧结构性改革、建立新型“亲”“清”政商关系、重塑企业家精神。

2022年，全国多地以省委省政府的名义高规格召开了地区商帮大会，旨在促进地区经济高质量发展，助推“双招双引”。

湘商大会。2022年5月22—23日，第十届全球湘商大会以线上线下结合的方式在株洲举行。来自全国工商联直属商会代表、境内外湖南商会代表、三类500强企业代表等300余名嘉宾齐聚株洲主会场。357个境内外商协会组织（其中境外46个）逾10万名湘商在线参会。目前，全球湘商已超过400万人，产业遍布180多个国家和地区，在外湘商资产规模超过4万亿元。安徽省自开展“迎老乡、回故乡、建家乡”行动以来，引入湘商项目投资超过1.38万亿元，湘商已成为安徽省产业发展的主力、技术创新的主角、缴纳税金和吸纳就业的主体。

闽商大会。2022年6月18日，第七届世界闽商大会在福州开幕。本届闽商大会采取“1+N”的“线下+线上”办会模式，在福州设主会场，在境外闽商聚集的国家和地区设立若干个视频分会场，进一步增强大会参与的广泛性，拓展和提升世界闽商大会的影响力。本届闽商大会以“同心面向未来、建设新福建”为主题，弘扬闽商精神，汇聚闽商力量，促进对外开放，是全方位推进福建高质量发展的有力支撑。

深商大会。2022年7月4日晚，第八届全球深商大会暨光明科学城大会开幕式暨颁奖盛典，在深圳滨海艺术中心歌剧院开幕。全球深商大会是商界精英盛会，无数企业家慕名前来取经问道，探寻最前沿最先进的行业指引。深商大会自举办以来吸引了累计5万余名深商企业家和2000余家外地企业参会，400余名全国各行业领军企业家、专家进行了精彩演讲，促进了沪商、京商、楚商、贵商、秦商、川商等商帮的交流合作。参会企业家在这里交流最前沿的发展思想、理念与模式，动员在座企业家积极投身行业产业建设，在思想上、行动上与党和政府保持高度一致，凝聚企业家群体，弘扬企业家精神。大会推动企业科技创新和产业转型升级，充分展示了企业的最新科技思想、成果与商业模式。

秦商大会。2022年8月15日，以“新秦商、新征程、新发展”为主题的第十二届全球秦商大会开幕式暨主题论坛在陕西宾馆举行。本届秦商大会邀请了来自15个国家、28个省份的111家商协会、7个商帮、6家行业协会及新闻媒体等共计500余人出席活动。全球秦商大会是陕西省也是全球范围内规格最高、规模最大、影响最广的秦商盛会，是陕西省政府定期举办的品牌招商活动。大会充分利用世界各地和国内各省份秦商代表汇聚西安的机遇，为振兴陕西经济建言献策。从2009年举行首届全球秦商大会至今，招商引资项目累计签约金额达3000亿元，先后邀请到杨伟民、宗庆后、郭广昌、郑翔玲等60多位企业家和专家出席大会，为陕西发展引资引智，全面拓展了陕西企业家的国际视野，提升了陕西经济社会发展外向度。

吉商大会。2022年8月25日，以“弘扬新时代吉商精神、谱写新吉林精彩篇章”为主题的第七届全球吉商大会在长春召开。吉商大会立足吉林，面向全球，搭建海内外吉商和社会各界联络感情、对话交流、项目洽谈、共谋发展的平台，为加快新时代吉林全面振兴、全方位振兴贡献力量。据悉，历经多年发展，全球吉商总数增加到300余万人。3.2万家吉商企业参与了光彩行动和精准扶贫，结对帮扶贫困村，帮扶累计投入资金13亿元，为社会捐款捐物20多亿元，投资公益项目近30亿元。几年来，一大批有着突出贡献的吉商企业家、吉商企业和吉商组织在吉商大会上获得“吉商荣耀”表彰。吉商，正成为有责任、有担当商帮群体的杰出代表。吉商大会自举办以来，返乡吉商的投资版图日渐扩大，7年来，全球吉商累计在吉林投资近5000亿元，已经成为吉林振兴的重要力量之一。

楚商年会。2022年12月8日，以“天下楚商荟武当，引领绿色低碳发展”为主题的2022楚商年会在十堰市开幕，来自全国各地的数百名楚商齐聚一堂，共抒乡情，同谋发展。开幕式上发布了《新时代楚商十堰宣言》，举办了现场招商引资签约仪式，开幕式后举办了绿色低碳发展高峰论坛主旨论坛和4个分论坛。楚商联合会会长、泰康保险集团董事长陈东升介绍，十堰是湖北省内首个承办楚商年会的地级市。荆楚大地素有重商传统。早在春秋战国时期，商人便居楚国“四民”之首。楚商是全国商界的杰出代表，既深耕荆楚大地，又花开神州四海。近几年，湖北省大力倡导亲商、重商文化，商会组织蓬勃发展。

潮商大会。2022年12月19日，第九届国际潮商大会在哈尔滨开幕。国际潮商大会秉承“交流、合作、服务、发展”的宗旨，现已成为世界各地潮商文化交流、共谋发展的国际商业交流大会。本届国际潮商大会以“潮涌龙江 筑梦冰城”为主题，汇集科技创新、改革创新、形式创新等多种创新形式，精心设计了多场内容丰富的交流会议。大会采用线上线下同步参会、全程直播的办会方式，大力促进全球潮商与东北地区经济资源的整合与共享，推动多领域、多层次的经济增长，展现国际潮商的风采。本次大会在哈尔滨这座“一带一路”建设重要节点城市举办，对于引领海内外潮商落实国家重大决策战略、融入国家新发展格局，引导民营企业完整、准确、全面贯彻新发展理念，积极参与构建新发展格局具有十分重要的意义。

浙商大会。2022年12月23日，以“新时代 新征程 新飞跃”为主题的第六届世界浙商大会在浙江省人民大会堂开幕。世界浙商大会是浙江省规模最大、规格最高、影响最广的浙商盛会，是中共浙江省委、浙江省人民政府支持浙商创业创新的重要战略平台。本届浙商大会共有780余名嘉宾出席大会主体活动，其中浙商代表660余名。活动采取“1+1+X”方式，“1+1”指大会开幕式和世界浙商论坛2场主体活动，“X”指民营企业数字变革论坛等9项专题活动。本届大会推广了一批服务浙商的重大数字应用平台，表彰了“高质量发展领军企业”，颁发了“2021—2022全球浙商金奖”，大力弘扬了企业家精神和新时代浙商精神，激励浙商争做新时代“四个典范”和合格的中国特色社会主义事业建设者。大会聚力高质量发展，把引才、引智、引重大项目作为重点内容。签约项目投资规模较大，产业特色鲜明，主要围绕数字经济、生命健康、新能源、新材料等重点产业。项目投资主体广泛，民企投资占比较大，兼顾国企、外企等，呈现海纳百川、百鸟归林的集聚态势。项目凸显实效，涵盖浙江省各市的高质量项目，科技含量高，带动作用强。

三、徽商回归正当时

对于走南闯北的徽商来说，无论离家多远，心里总有一个角落是留给家乡的。人们总是对儿时生活过的土地有着天然的亲近的感情，因为故土上记载着童年的回忆与羁绊，这便是乡土情怀。“非勤俭不能治生”“贾而好儒”“诚信为本”是徽商的典型特征；荣归故里，修葺祠堂，兴办学校，为家乡做公益是徽商的一贯传统。新时代下，新徽商不仅具有先辈儒商守义的风骨，更传承了先辈落叶归根的家乡情怀。今天的安徽，既有发展的“速度”、产业的“深度”、开放的“宽度”，也有创新的“热度”、情感的“温度”，已成厚积薄发、蓄势突破之势，正是一方干事创业的热土，一片成就梦想的福地，为广大徽商和国内外投资者创新创业提供了广阔的舞台。如今，徽商回归项目资金增长显著，数字的背后，不仅有浓浓的乡情，更多的是对安徽营商环境、产业生态和发展潜力的认可。

长期以来，故乡情怀一直是促使企业家返乡投资的重要因素。不少徽商创业成功后荣归故里，助力家乡产业发展，传为美谈。于是，一些地方在招商引资中主打“情感牌”，虽然“情怀式”招商简单有效，却非长久之计。市场经济背景下，企业投资要讲经济回报，看重的是投资项目的发展潜力及其能为企业带来的长远效益。有的地方仅仅因为是家乡企业家的投资，不管项目合不合适、产业链配不配套、政策与服务跟不跟得上，一股脑招来再说，造成项目水土不服，当初的承诺变成空头支票，热衷于家乡发展的企业家蒙受损失，当地招商形象也受到较大影响。

促进返乡投资，要打“情感牌”，但更重要的是修炼内功，打好“服务牌”和“产业牌”，在营商环境的优化和产业生态的塑造上下功夫。

打好“服务牌”，就是要当好企业的“服务员”，打造一流营商环境。企业家们的投资首选地一定是营商环境更优、政府服务更高效的地方。对返乡投资的企业家，更要真心做好服务，以“将心比心”的态度、“马上就办”的速度、“办就办好”的力度，让他们感受到“雪中送炭”的温暖、“雨中打伞”的贴心。同时，把握“亲”“清”有度的界限，不能因为“老乡来办厂”就搞旁门左道甚至违纪违规办事，否则既害了自己，也坑了企业。

打好“产业牌”，就是要当好产业布局的“设计师”，注重产业链招商，营造特色鲜明的产业生态。既要谋划好当地的优势产业，形成产业集群，又要围绕产业链上下游来吸引投资，形成“倍增效应”。对返乡投资者的招商，要提前谋划，精心做好产业布局，助力企业高效“入链”，力争让企业来了有钱赚、项目有方向、发展有未来。

“回乡投资，因为看见了更好的未来。”“以前回家投资是出于情怀，现在还考虑发展前景和产业布局”……一些皖籍企业家回乡投资时曾这样感慨。从感性到理性的升华，背后是安徽营商环境和产业生态等“硬实力”的提升。唯有扎实推进“一改两为”，练好发展内功，营造一流环境，才能真正让江淮大地成为徽商的投资宝地。

当前，安徽在构建新发展格局中具有独特的战略优势，是长三角一体化、中部地区崛起、长江经济带等多个国家重大战略叠加覆盖的省份，这种发展态势的底层逻辑必然产生资本的聚合效益。安徽正在加快打造具有重要影响力的“三地一区”，为此，特别重视有效市场和有为政府的结合，把尊重、理解、成全企业家的创意创新创造作为工作的发力点。徽商是一种源自内心深处的价值认同，历史上的徽商创造了不朽传奇。新时代，广大徽商创业报国、实干兴邦，在中华民族伟大复兴和现代化美好安徽建设征程中续写传奇、谱写新篇。安徽省委省政府高度重视徽商精神传承和发展，希望进一步增强新时代新徽商的归属感、荣誉感、使命感，进一步展现徽商风采、安徽气度、中国力量。希望大家共同努力，传承徽商精神，重振徽商声誉，发扬好徽商优良传统，做爱国敬业、守法经营、创意创新、回报社会的典范，用创新创意成就诠释新徽商精神，再续新时代新徽商传奇故事；共促安徽发展，同筑徽商壮大，为家乡建设发展聚情聚力，为徽商企业兴旺聚心聚资，共同创造安徽发展的美好未来；积极宣传安徽，助力双招双引，当好安徽“双招双引”形象大使，广泛宣传家乡，推荐家乡，让更多人了解安徽、关注安徽、走进安徽、投资安徽。

今天的“徽商”，不仅是全球安徽籍商人的符号，更是一种文化，一种精神，一个品牌，与天下徽商共勉，共创新时代新徽商新辉煌。

四、安徽多地开展徽商回归活动

2022年9月8日，2022年亳州市“双招双引”推介会暨“天下亳商”大会在亳州市举办。此次大会是2022年国际（亳州）中医药博览会暨第38届全国（亳州）中药材交易会重要活动之一。亳州文化厚重、物产丰富、人力充沛，是国家历史文化名城、中国优秀旅游城市、中国长寿之乡和中国五禽戏之乡，有药、酒、农、旅“四大品牌”，其中，中医药发展已有1800多年的历史，现有千家药企、十万药商、百万药农、千亿级产业。

2022年9月30日，以“畅叙新安庆、共建大宜城”为主题的首届中国宜商大会在安庆会展中心举行。来自五湖四海的近500名宜商代表及各界人士欢聚一堂，共叙乡情乡谊，共谋安庆未来。大会分《家乡的变与不变》《家乡的变感谢有您》《家乡的兴期待有您》三个篇章进行，向各界人士展示了“安庆有戏、宜城宜业”的精彩画卷，向广大宜商发出了“共谋发展、期待有我”的诚挚倡议。此次大会集中签约了20个重点宜商项目，协议投资额约460亿元，其中100亿元以上项目2个。

2022年11月29日，“百名会长黄山行”暨第四届全国异地黄山（徽州）商会会长座谈会在屯溪召开，异地商会、市直属商协会会长欢聚一堂，畅叙乡情，共谋发展。来自全国各地的14名异地黄山（徽州）商会负责人和15名市工商联直属商协会负责人结合各自企业及协会的实际，对黄山经济发展建言献策。

五、多家知名徽商企业回归

2022年1月28日，正威潜阳新材料产业园项目在安徽省潜山市开工建设。正威集团是以新一代电子信息和新材料完整产业链为主导的高科技产业集团。本次开工项目总投资100亿元，建设内容包括精密导体及特种线缆、高分子材料、新能源电池材料、新能源光伏焊带材料、半导体关键材料键合丝、供应链管理和服务体系项目以及相关配套产业项目。项目分三期建设，其中一期投资20亿元，达产后年营业收入约80亿元。

2022年2月16日，美的集团新能源汽车零部件战略新基地签约暨奠基仪式在安庆经开区圆梦新区举行。这是安庆“内搭平台、外联老乡”的重大突破，也是2022年安庆正式开工建设的第二个百亿级大项目。作为美的集团转型发展的重要战略项目，新能源汽车零部件战略新基地项目总投资约110亿元，其中固定资产投资约65亿元。项目规划一期用地458亩，位于安庆经开区圆梦新区。项目以突破核心基础零部件等“四基”瓶颈为重点，以建成具有国际竞争力的先进制造业和现代服务业基地为目标，主要生产新能源汽车电动压缩机、新能源驱动电机等品类。

2022年4月28日，砀山迈瑞医疗科技产业园开工仪式在安徽砀山举行。砀山迈瑞医疗科技产业园选址砀山县经济开发区，项目一期占地298亩，总投资20亿元，总建筑面积近20万平方米。所有配套设施、国际会议中心将在2024年底交付使用。园区建成后将成为迈瑞医疗在全球的第四大制造基地，覆盖骨科领域，生产符合人体植入物标准的高规格骨钉，并通过精密加工和常规加工为其他基地提供核心零部件，支持各类主营业务产品的装配。

2022年6月26日，徽商企业易事特5G+大数据智慧能源智能制造与研发中心开工仪式在合肥市肥西桃花工业园举行。此次总投资10个亿的研发中心项目，依托易事特集团经国家认定的企业技术中心、院士专家工作站、博士后科研工作站等研发平台，开启合肥研发基地和智能制造中心建设，今后将承接易事特集团数据中心等核心板块，同时新开辟磁悬浮与轨道交通电源项目、5G智能开关项目、光储充微电网示范项目、离子质子电源“卡脖子”科技攻关项目，建立自主知识产权的5G+大数据智慧能源研发中心、全球先进的智能制造基地。该项目预计2023年底投入使用。

2022年9月24日，阜阳市政府与比亚迪股份有限公司战略合作协议、阜南县政府与比亚迪股份有限公司总投资100亿元的新能源乘用车零部件项目投资签约仪式在阜南经开区举行。前期，经过双方充分沟通对接，比亚迪弗迪科技公司将在阜南县投资100亿元，建设整车线束、精工中心、电机精密注塑件、轮毂轴承等新能源乘用车零部件生产线。阜阳市以此为契机，推动新能源乘用车零部件项目加快建设，在新能源汽车产业配套、推广应用等方面同比亚迪开展全面合作，共同打造新能源汽车产业集群。

六、呼吁重启中国国际徽商大会

2021年12月，中共安徽省委办公厅、安徽省人民政府办公厅印发《关于更好发挥行业协会商会在“三地一区”建设和“双招双引”中作用的意见》，明确提出组建完善十大新兴产业商协会；鼓励商协会搭建各类产业对接交流平台；推进商协会去行政化、去垄断化，鼓励商协会打破所有制和经营规模界限，广泛吸收各类经济组织入会。商协会可适度实行“一业多会”。

中国国际徽商大会自2003年首届举办以来，至2018年与首届世界制造业大会合办，已举办了11届（见表31）。“他乡纵有当头月，不及家乡一盏灯。”安徽永远是全球徽商游子心中最柔软的部分，过去是、现在是、永远是广大徽商最坚强的“后盾”和最温暖的“港湾”。希望全球徽商当好安徽营商环境的“参与者”“监督者”“宣传者”，多在家乡走走，常回家乡看看，看一看家乡的山水，尝一尝家乡的美食，听一听熟悉的乡音，解一解浓郁的乡愁，谈一谈合作的项目！

表31　中国国际徽商大会历届大会一览

序号	年份(届次)	主办地	主题	亮点
1	2003年(第一届)	合肥	新时代、新徽商、新安徽	首届中国徽商大会
2	2005年(第二届)	合肥	交流、合作、发展、繁荣	第一届中国国际徽商大会
3	2006年(第三届)	香港	皖港携手,互利共赢	皖港企业家对接会
4	2007年(第四届)	合肥	开放、创新、合作、崛起	才智交流区
5	2008年(第五届)	黄山	开放、发展、共赢、和谐	走进徽州
6	2009年(第六届)	合肥	开放、发展、共赢、和谐	第四届中博会
7	2010年(第七届)	合肥	承接转移、创新共赢	皖江城市带承接产业转移示范区推介会

续 表

序号	年份(届次)	主办地	主题	亮点
8	2011年(第八届)	合肥	创新合作　共赢发展	中国(合肥)自主创新要素对接会
9	2016年(第九届)	合肥	发展新理念,转型新机遇	16个地市领导为家乡"站台"
10	2017年(第十届)	合肥	创新发展新理念,"一带一路"新机遇	第十届中博会
11	2018年(第十一届)	合肥	创新驱动,制造引领,拥抱世界新工业革命	2018世界制造业大会

为了给广大徽商和国内外投资者创新创业提供更广阔的舞台，建议由安徽省商务厅牵头组织，重启一年一度的中国国际徽商大会。

徽商文化

徽商之所以能称雄商界，被称作儒商，得益于他们的文化自觉，即义利兼顾、贾儒兼修的商业精神。徽商文化是中国商业发展史上浓墨重彩的一笔，是中国商业文化的宝贵精神财富。徽商文化的影响可以简要归纳为五个方面：一是自觉坚守的商业诚信，二是利缘义取的价值取向，三是做大做强的商业抱负，四是崇尚文化的精神追求，五是矢志不渝的社会责任感。

一、徽商贾而好儒的文化精神

如果从我们现在所提倡的物质、精神两个文明建设齐抓并举来看，明清徽商中的大部分人可谓自觉做到了这一点。当然，徽商的物质文明、精神文明与我们现在所提倡的社会主义物质文明、精神文明具有本质的不同。

徽州地区有着浓厚的人文历史情趣，再加上徽州人本身的聪明隽秀，重视教育（有“十户之村，不废诵读”之说），可以说他们普遍具有一种文化情结，“仓廪实而知礼节，衣食足而知荣辱”。经商致富后的徽商自然要追求自己的精神文化生活。

徽商一般都有一定的文化根底，所以经商之余，有的借书抒怀、有的吟诗作文、有的浸淫音律、有的以画绘意，雅然情趣，乐不可言。在徽商大贾中能诗善文的比比皆是。

如以徽商最为集中的扬州为例，清朝文人陈去病说：

“扬州的繁华昌盛，实际上是在徽商的推动下出现的，扬州可谓是徽商的殖民地。……而以徽州人为主的扬州学派，也因此得以兴盛。”

这很鲜明地说明了扬州学派与扬州徽商之间的关系：徽商在促进商业发展的同时，同样也参与和促进了学术文化的建设和发展，从而取得了物质、精神文明双丰收。

不仅扬州如此，其他各地的徽商也是如此。下面以在苏州经商的徽商程白庵为例，略加说明。

程氏是徽州大族，自从他们的祖先晋朝太守梁忠壮公迁徙徽州以来，世代子孙繁衍，散居在歙县、黟县、休宁等地，户口多达数千家。因为歙县、黟县、休宁等地处山区，仅靠数量极其有限的农耕田地来供养日益繁衍的人口是远远不够的，于是他们大多出外经商谋生。

虽是士大夫的后代，但他们不避讳工商业，不以经商为耻，而是将工商业看成与农业同等重要的行业。食盐、竹木、珠玉、犀象、玳瑁、果品、棉布乃至于餐饮，总之根据市场需求他们无所不经营，天下都市繁华所在无处没有他们的身影。他们当中有不少人在商场成为叱咤风云的人物，程白庵就是其中之一。

程白庵幼年时在父母督促下读过书，因而他深谙为儒之道。后来，他随着乡族人到苏州经商，经过几十年的商场磨炼，日益成熟，俨然成为当地商人代表。

然而，他不仅在商场上十分成功，他的为儒之道或者说是他所追求的文化精神也为人所称赞。在苏州经商，他下自工商百姓，上同官僚士大夫，无所不交。因为他举止言谈有儒者风范，所以苏州的士大夫们也都非常喜欢和他交游。苏州都太仆先生喜爱他为人淳朴，所以为他的住所题词为“白庵”，他也因此被人亲切地称为“白庵翁”。

那么程白庵是怎样追求他的文化生活的呢？在商场经营中又如何展示他的为儒之道的呢？我们通过一个事例来看。当时在苏州有一位大文豪叫归有光，他与程白庵的交情非同一般。在程白庵八十大寿的时候，程白庵指定要归有光给他写寿序。归有光不仅给他写了寿序，而且在寿序中还热情洋溢地赞扬了程白庵“士而商”“商而士”。其中有一段大意是说：“程氏子孙散居徽州休宁、黟县、歙县之间，户口繁衍达到几千家。在这个大家族之间，他们喜好读书，常常以诗书酬答往来。如此来看，出生于这样重视诗书礼仪的大家族，程白庵不就是‘士而商’吗？然而先生虽然经商，但他言谈举止谨慎小心，为人处世好义乐善，而且喜欢以诗文歌赋与文人士大夫交际，这难道不是通常所说的‘商而士’吗？”

一个普通商人受到一代文豪的如此赞誉，可见不简单。若程白庵是个纯粹只知追求蝇头之利的商人，是不可能得到文士如此赞誉的。可见，程白庵在商场成功的同时，在文化建设方面亦有不同凡响的建树。起码，他在苏州是个开风气之先的商人。

按明清文人士大夫交游的风习，他们聚会交游，一般有诗酒唱和、论书议画的时尚。若想得到他们的青睐，必然是博学深究之人，有时还要有发人深省之见。可见，若没有深厚的文化功底，不要说赢得士人的青睐，就是立足他们之间，也难免是被嘲笑的对象。可是，程白庵不仅赢得了士人（而且是在文风盛行、才子辈出的苏州）的青睐，甚至获得了大文豪的热情赞誉，这难道是不通笔墨的一般商人所能做到的吗？

翻开徽州的方志及相关文献，类似程白庵这样“贾而好儒”的徽商举不胜举。徽商“儒术”与“贾事”的会通，充分说明了经济与文化的互动关系。徽商正是意识到文化素质同商业经营有很密切的关系，于是他们注意学习文学、艺术、地理、舆图、交通、气象、物产、会计、民俗、历史等方面的知识，并加大对文化建设的投入。同时，徽商商业实践又衍生出独特的商业文化，这种商业文化随徽商的经营活动而流播四方，在一定程度上促进了明清实学的发展，丰富了传统文化的内容。另外，徽商流寓四方，把他们自身的文化传播到各地，同时又吸收各地文化营养，一定程度上促进了各地文化的交流和融合。（以上内容参见王艳红《贾道儒行的徽商》）

总而言之，徽商在从事商业经营贡献于物质文明的同时，也在积极地参与各种文化活动，为封建时代文化的发展做出了贡献。

二、徽商的故乡情结

家乡，一个承载着美好回忆、常让在外游子牵挂的地方。如果说家乡是异地徽商群体梦想的出发地、心灵的栖息所，那么异地商会就是他们在外的“娘家”。他们在商场上运筹帷幄、激流勇进，但反哺家乡、助力家乡经济建设一直是他们不忘的初心。

“山重水复疑无路，柳暗花明又一村。”一条石板小路的前头，一片水口园林的背后，总有一座如诗如画的徽州古村落，给你带来几分惊喜、几分温馨。一座徽州古村落就是一部二十四史，一本百科全书。徽州古村落经历过千年的风雨洗礼，积淀了深厚的徽州文化，天下徽商可以在白墙黛瓦间触摸沉淀千年的时光。近年来，安徽厚植优势谋发展，招商引资促振兴，营商环境不断优化，向未来冲刺，追逐奋进的“足音”，躬耕希望的田野，瞻望丰收的景象！

故乡是什么？是你离开后才会拥有的地方。中国社会是乡土性的一集一村落，一村一传奇，从哪里来就会带上一方灵气，无论怎样流动迁徙，乡土对人的塑造都会留下痕迹。我们离开却又向往故乡，是因为那里有永恒的乡愁。

徽州七山一水三分田，被大山牢牢困住的徽州人，在土地里掘不出更多的活路，出外打拼挣钱几乎成了讨生活的唯一办法。年纪尚轻便要离乡经商的无奈，是山水赐予徽州人的独特人生。

“一生痴绝处，无梦到徽州。”这是明代大戏剧家汤显祖写的诗句。儒与商是徽州的灵魂，这里曾是中国教育最发达的地区之一，士农工商各行各业英才辈出，走出了胡雪岩、詹天佑，走出了陶行知、胡适……然而这为世人称羡的“山灵水秀”，在几百年前却是最大的生存困厄，“前世不修，生在徽州，十三四岁，往外一丢”，出走与行商是徽州人常见的宿命。如今“徽州”已不复存在，曾经的一府六县（歙县、黟县、休宁、婺源、绩溪、祁门）已经分属于两省三市，不过徽州在文化、情感和乡愁的意义上仍保有着难以撼动的独立与完整性。

徽州俊采星驰。仅绩溪龙川胡氏一族，明朝便出过两个六部尚书。绩溪龙川的奕世尚书坊上的题字“奕世尚书”和“奕世宫保”，出自书法大家文徵明之手。旧时徽州有个规矩，从商为官者要向宗族捐资，以便宗族能够为参加科举考试的学子们提供所有的经费。人们常说徽州多才子，大概与此番善举不无关系。

在世人眼中，徽商最特别的一点，就是“贾而好儒”。在徽商的会馆中不但供着财神，还挂着日日参拜的朱熹像。事实上，在地狭人稠的徽州山水里，纵是拥有世人难以企及的财富，亦是无奈之举。许多“弃士从贾”的商人，都难以忘怀曾经的理想，成为富豪后，又重新拿起书本，兴办学院，重返仕途。

财富是成就，亦是枷锁，在种种约束和考量之下，古徽州人采用了“朴素其外，华美其中”的家宅建筑策略，巨额财富被转化成一幢幢内饰豪华富丽的建筑，雕梁石刻间熏陶着儒家道德的故事，徽州人将满腔抱负与思乡之情藏在马头墙后与宗庙祠堂中流传至今。

三、2022年主要徽商文化活动

2022年8月19日，“新时代·新徽商”企业家座谈会·新安茶会走进山水相间、古朴典雅、风光旖旎的黟县。黄山市委书记凌云，黄山市委副书记、市长孙勇等领导与各位“新徽商”和各地商会代表欢聚一堂，共叙友谊，展望黄山的美好未来。

2022年9月16日，以“江南文化的传承与创新”为主题的第四届长三角江南文化论坛暨第十届皖江地区历史文化研讨会在芜湖举行，会议深入探讨新时代江南文化的内涵外延与时代价值。江南文化是江南地域文化的总和，同样的文化元素有着多样的文化表达，也受到不同地域的文化影响而不断形成新的文化形态。论坛举办至今，在溯寻江南文化之源、梳理江南文化之脉、塑造江南文化品牌等一系列问题上取得了初步成效。本届论坛中，安徽文化特别是徽州文化、桐城派文化等，因其自身优势对江南文化形成较大的影响和辐射，成为江南文化不可或缺的重要组成部分。

2022年11月10日，安徽省人民政府参事室（省文史馆）在合肥召开《天下徽商》丛书出版座谈会。《天下徽商》丛书由“辉煌岁月”“文化风流”“仁心义事”“义利之间”“新时代 新徽商”五册组成，共一百余万字。该套丛书采用通俗易懂的文字，通过一个个故事呈现历史上的徽商情况，反映了一代代徽商始终与时代同行、与家国同生的风采。

黄山市休宁县，曾产生由皇帝钦点的状元19位，居全国各县之首，拥有“中国第一状元县”的美誉。2022年11月12—13日，黄山市休宁县举办首届状元文化大会暨第四届发展大会。伴着状元阁内的状元钟声，活动拉开序幕，19位身着状元袍的少年，从钟鼓楼内登上舞台，表演舞蹈《中状元》，展示了状元荣光；歌曲《一声休宁》展示了休宁悠久的历史、丰厚的文化和美丽的风景；音诗画《状元休宁》展示了新时代状元的精神。“休宁县是徽文化的主要发祥地、徽商的重要发源地，有跨越千年的历史文脉，自古文风昌盛、崇文重教，形成了独树一帜的中国状元文化。”休宁县委书记吴云忠在致辞中提到，从申报历史文化名城到打造全国状元文化体验基地，从推动文化产业发展到加快文化与旅游、经济、科技融合创新，文化引领社会变革的重要作用日益彰显，正成为推动休宁高质量发展的强大动力。

2022年11月11日，由宣城市人民政府、安徽省徽学学会、安徽省烹饪协会共同主办，绩溪县人民政府承办的绩溪县第九届徽菜美食文化旅游节开幕。11月12日，2022年安徽省徽学学会年会暨“徽学与新时代安徽文化”学术研讨会在绩溪县召开。

2022年11月26日，海南省徽文化研究会以“徽商、徽韵、徽文化”为主题主办的徽商赋·书画摄影作品展在海口市开展。此次展览共展出书画作品91幅、摄影作品22幅。

2022年12月16日，大连徽商商会十五周年庆典暨第一届徽文化节启动仪式在大连市香格里拉酒店举行。现场举行了2022年度最美抗疫奖、百名优秀徽商等奖项的颁奖活动；西岗区商务局、甘井子区经济发展服务中心分别做了闲置资产招商说明。第一届徽文化节将举办请大连人品徽菜、喝徽茶、欣赏徽派建筑，文房四宝展等系列活动。

2022年6月18日，徽商故里蚌埠店正式开业，这是徽商故里在皖北拓展的首家门店，亦是在安徽区域布局开业的第五家门店。2022年8月20日，徽商故里庐江水西门店正式开业。自2009年以来，徽商故里不断加快对外拓展步伐，沿着新老徽商的足迹和高铁沿线城市对外输出，已经在北京，天津，上海，浙江杭州、宁波，山东济南，安徽合肥、黄山等地拓展了20余家门店。徽商故里会坚持“徽商的厨房、家乡的味道”的市场定位，坚守“以美食推广黄山旅游、以美食传播徽州文化”的初心使命，把握机遇，乘势而为，努力把徽商故里开向全国！

新徽商无论在内涵还是外延上，都与历史上的徽商有巨大的不同，但之所以现代安徽商人及遍布世界各地的安徽籍商人都愿意自称徽商，主要是基于对历史上的徽商商业成就及商业文化的一种向往和认同，是对徽商文化的自觉皈依。虽然现代商业已大大超越了传统商业的内容，但深层的商业精神却历久弥新，对现代商业依然具有指导意义。两者之间的传承主要是文化和精神的传承，并且这种传承应当是一种扬弃，是在继承前提下的发展。要在坚持诚信立业、义利兼顾等核心价值取向的同时，引入世界和时代商业的新元素来充实和发展传统徽商文化，塑造新徽商的文化符号和精神坐标。

四、徽商智库，为徽商赋能

徽商智库是安徽财经大学新徽商研究中心和安徽经济报社联合打造的智库平台，旨在服务徽商企业、传承徽商文化和精神，通过沙龙、大讲堂、专家专题研讨、研学等方式为各类徽商企业提供资源整合和智力服务。2022年，徽商智库组织了三期专家企业家沙龙活动。

2022年3月2日，徽商智库第八期专家企业家沙龙活动在安徽经济报社三楼会议室举行。安徽经济报社社长兼总编马顺生，安徽国际徽商交流协会常务副会长兼秘书长叶青松，安徽国际商务职业学院副院长董新民，决策杂志总编社张道刚，安徽财经大学新徽商研究中心主任王唤明，安徽国际商务职业学院文化旅游学院党总支书记蔡红、院长王祥武，安徽经济报社副总编栗亮参加了此次活动。

2022年7月8日，由安徽财经大学新徽商研究中心、安徽经济报社联合主办的徽商智库第九期专家企业家沙龙在合肥英塔信息技术有限公司举行。安徽经济报社社长兼总编马顺生、安徽财经大学新徽商研究中心主任王唤明、安徽绿海商务职业学院董事长陈孝云、合肥市三河四子文化集团总经理孔令好、合肥恒磊电子有限公司董事长刘锦文等应邀参加了此次活动。与会嘉宾围绕新徽商数据库建设与新徽商标准规范进行了探讨，对书画徽烟徽酒徽茶活动、徽商回归一站式综合服务平台等也展开了讨论交流。

2022年10月7日，由安徽财经大学新徽商研究中心、安徽经济报社联合主办，安徽仟金草健康产业集团有限公司承办的徽商智库第十期专家企业家沙龙在合肥仟金草生物科技有限公司会议室举行。本次会议的主题是“助力乡村振兴，研讨黄精产业”，围绕黄精产业发展和乡村振兴与产业融合发展进行研讨。安徽经济报社社长兼总编马顺生、安徽财经大学新徽商研究中心主任王唤明、安徽省茶文化研究会会长丁以寿、中创联控副总裁兼安徽公司总经理刘子发、合肥市三河四子文化集团总经理孔令好等应邀参加了此次沙龙活动。

五、徽商赋

伟哉华夏，壮哉八皖。赞我徽商，古律铿锵。厚德仁善，群星耀眼。

溯我徽商，萌发于东晋，成形于宋唐，盛极于明清，辉煌于今朝。寻我徽商，发轫于黟山新安，崛起于六县一府；东南邹鲁之名、礼仪之邦之誉，植根大江南北，跃动华夏神州。叹我徽商，少小离家闯天涯，功成名就始还乡。敬我徽商，弘扬互助之商道，践行骆驼之精神。赞我徽商，义利兼顾，诚信无诓；贾而好儒，修身扬善。颂我徽商，引领天下三百余载，风动四方众商之首。

唏嘘叹乎！八皖大地，钟灵毓秀。物产丰饶，美酒名茶。徽帮鼎盛，精英辈出。货殖贸易，盐茶、典当、木业为主导，稻粱、布匹、纸墨为辅助。随行就市，兼营其他。政商互动，良性发展。上达天庭，下达诸侯。大行德广，左右逢源。

无黟不镇，无徽不商；不义为羞，易以理胜。人宁贸诈，吾宁贸信；诗书显亲，勤俭治生；商贾活跃，文风昌盛；善举共襄，归德孟尝。

瓜瓞绵延，薪火相传；徽商翘楚，纸短难详。放眼四海，徽商天下。四海同心，天下徽商。躬逢盛世，商会勃兴。同根萌技，添翼图强；今赋徽商，意在承扬。宏图远志，兴皖安邦。

（此赋作者为江西省安徽商会秘书长叶文榜）

徽商传承

一、徽商“二代”的传承与发展

徽商“二代”的传承问题关系到徽商的可持续发展，关系到徽商品牌和徽商声誉，涉及多个方面。

涉及情理法。家族企业传承中的一个重难点在于如何处理好家庭身份和企业身份之间的矛盾。如果身份混淆在一起，经常会造成不必要的矛盾，在该讲理的地方讲情，在该讲情的地方讲理，如果闹得不开心最后只能去讲法。

涉及守攻传。家族传承一定是全方位的，无论将交接班定位为“守”还是定位为“攻”，最终都是要“传”的。此外，传承是“传”与“承”的集合，一共涉及三个方面：一代的“传”，二代的“承”，以及一、二代在传承之间的关系。中间只要有一个环节没有做好，那么无论之前是“攻”还是“守”，之后都容易“传”不下去。

涉及个性化。针对不同的行业、不同的家庭情况需要“对症下药”，需要找到症状的根源，需要区分哪些是可以改变的，哪些则很难改变。先天的赋予无法改变，后天的境遇则可能改变；年长的不易改变，年轻的还有机会改变。

涉及谁来做。无论是寻找彼此求同的可能性，还是寻找打破封闭系统的可行性，两代人的“矛盾”解法之一就是邀请第三方介入。那么这个第三方是谁呢？无论他是谁，最重要的是第三方需要同时拥有两代人的信任。

（一）徽商家族传承的基因密码

在徽州地区，存在诸多的徽商家族。据不完全统计，徽州有54个影响力较大的家族，主要有程氏家族、汪氏家族、吴氏家族、胡氏家族、王氏家族、李氏家族、方氏家族、曹氏家族、鲍氏家族、许氏家族、谢氏家族等，每个家族都有自己的家谱、家规、宗庙和义地。一批徽商老字号到今天仍旧辉煌，如“六代人、一杯茶”的谢裕大、张小泉剪刀、胡玉美酱、张一元茶庄、胡开文墨业、胡庆余堂。徽商家族得以传承，其核心基因密码值得借鉴，对于今天的家族企业代际传承有实际意义。

1.徽商家族传承的模式

徽商家族的代际传承，一般来说主要有三种模式：

一是“血缘继承”模式。这种模式的继承人多来自家族内部成员，主要采取子承父业形式，也包括弟承兄业、妻承夫业等。出于对家族共同利益与财产安全的考虑，徽商企业的创立者和掌控者往往以血缘、亲情为基础，把自己的产业传承给子女或亲属，以“家族内的不断传承”来规避财富流失的风险，实现家族企业的可持续发展。

二是“近亲继承”模式。这种模式的继承人主要来自徽商家族企业内部的非家族核心成员。这些内部人员由于与企业有多年的共同成长经历，对企业的发展战略、核心竞争力、管理模式、经营理念和企业文化等都有深刻的认识和把握，由他们来执掌企业更易保持企业经营的连贯性，更容易发现企业存在的问题并进行处理，有助于促进企业进一步发展。此外，这部分人员与企业的高层管理者及一般员工都比较熟悉，在人际关系方面更能得到认可与信任，有利于工作的开展。

三是“外源继承”模式。这种模式的继承人多来自徽商家族企业外部，一般是职业经理人。不少徽商家族企业在内部人员中无法找到合适的经营管理人才，不得不在企业以外物色合适的人选。据记载，徽商聘请职业经理人制度的出现要比美国早200多年。“外源继承”模式可以使相对封闭的家族企业引入新的经营理念，突破企业管理人才“近亲繁殖”的局限性，更容易为企业寻找到问题存在的根源并加以解决。

2.徽商家族传承的前提——资本的筹集

日本学者藤井宏总结出徽商资本形成有七种方式：劳动资本（白手起家积累）、遗产资本、婚姻资本、官僚资本、援助资本（一个家族内的互相援助）、共同资本（一个家族内各个家庭的合伙制）和委托资本。其中，作为主要筹资方式的遗产资本、婚姻资本、援助资本、共同资本完全是家族式筹资形成。官僚资本（即用做官赚的钱从事商业活动）和委托资本，主要也是在家族内实行。这种家族内筹资的方式，靠家族内的血缘关系来维持，并保证诚信，所以没有其他商帮不同家族之间的合伙制，也没有出现晋商那种股份制。

3. 徽商家族传承的核心——文化与教育并重

百年家业的传承，没有文化和家风是难以延续的。徽商大多爱读书，争做“儒商”，这不仅提高了徽商的文化素养、文化品位，而且较高的文化素质成为他们与官僚士大夫交往的“黏合剂”，给徽商的商业经营带来了许多便利；与此同时，读书使得徽商善于从历史上汲取丰富的商业经验、智慧，促进自身商业的发展，增强经商的理性认识——“儒道经商、贾行天下”，从而形成良好的商业道德。如徽商老字号“胡源泰”的创始人胡允源颁布了一道家族训诫：只有考上秀才的胡家人才有进入茶庄做生意的资格。在祖辈的鞭策下，他的三个孙子励精图治、奋发图强，最终都考中了清末秀才，胡允源“读书经商求生存”的训诫，为后来胡家茶庄的发展和家族传承奠定了坚实的基础。

一个家族的传承要靠经济实力（钱）、政治地位（官）和文化传统（书香）。徽商认为从商可以有钱，但用钱买的官并没有地位，只有通过科举考试金榜题名入仕才有社会地位。而且，名门望族都有自己的文化传统，并且靠文化传统来传承家族特色，因此，徽商极为重视教育。

4. 徽商家族传承的基础——经营管理特色

纵观徽商的经营特色，在经营管理中都显示了家族文化的特点，也可以说徽商经营管理的特色都是由家族文化决定的，这种经营管理特色也促进了徽商家族的传承。

一是借助家族势力建立商业垄断。商业垄断是过去各商帮获取利润的主要手段。徽商一方面借助家族势力控制某一城镇或地区的部分或全部贸易，如婺源商人程栋最早进入汉口，之后其族人逐渐进入汉口，形成对汉口商业的一定垄断；黟县商人朱承训在江西吴城，徽商许孟洁在正阳镇，都是借助家族势力，形成了一定的垄断地位。另一方面是借助家族势力控制一个行业，如在各地的典当业都由休宁各个家族的人控制。据记载，在康熙至乾隆的一百多年里，江南地区的木材业几乎被徽商垄断，徽州木商在杭州势力更为强大，成立了徽商木业公所，处理木业相关事宜；清代乾隆末年，中外贸易出现巨额顺差，在出口的商品中，由徽商垄断经营的绿茶位居第一，这商业垄断的背后都是庞大的徽商家族势力建立起来的商业帝国。

二是借助家族势力展开合作。第一是家族内部、不同家族之间的合作。徽商在从事长途贩运贸易中需要及时掌握市场的瞬息变化，他们常借助家族关系收集信息。徽商极为重视修族谱，修建宗祠，以此获得商业信息和帮助的联络图，同时，不同家族之间进行联姻，密切的家族关系和各家族之间的联姻为徽商贸易中的运输、仓储、采购、销售等提供了便利，降低了成本。“花花轿子人抬人”，家族势力为徽商之间互相帮助提供了可靠的平台。第二是官商之间合作。徽商实现官商结合有自己的特色，是基于一个家族之内实现官商结合。这种官商结合通过三种形式实现：其一是一个家族中既有当官者，又有从商者，如徽商中的程氏，先祖程元潭即为东晋初年新安太守，以后又有许多为官者；其二是以家族之力培养家族中有能力但贫穷的子弟读书、入仕，再为整个家族服务，这也是徽商重视教育的重要原因之一；其三是联姻，一些大商人和时任官僚之间的姻亲例子比比皆是，徽商视政商联姻为攀附官员的重要方式，千方百计寻求与官员或者皇亲国戚联姻的机会。通过联姻，徽商与皇权官僚阶级建立了利益捆绑关系，徽商依托官员的势力进一步扩大商业版图，并持续巩固商业地位。

三是借助家族的家规家训实行内部管理。在用人方面，徽商侧重“用亲不用乡”，因维系家族的需要，所以强调所用的人一定要是本家族的人，一方面注重考核个人的品质，另一方面也要顾及家族的利益。借助家族关系进行管理，有利于加强内部的相互信任，为徽商家族传承奠定基础。

5.徽商家族传承的背后——徽州女人

徽州女人有着清秀的面庞，勤劳节俭的美德，独立的性格，她们恪守孝道、赡养公婆、相夫教子、忍辱负重。除此之外，徽州女人对丈夫和家族都保持着坚毅的忠贞，徽州地区许多贞节牌坊就是见证。

女性是家族文化传承的核心力量，她们传承家风、家教、家规、家谱、家书、家宝，在家族发展中积极分担与贡献，重视家族传承，在家族文化中做好关系和谐的使者，成为家庭幸福的纽带，在家族二代培养中不断探索与成长，有自己的家风家教之道，在家族传承中重视自我成长与提升、不断精进向上。

徽商富甲一方的背后离不开家族女性的支持与付出。如徽商鲍氏家族，鲍家历代多高官、富商，还有既为官也经商的，鲍家是明清两朝辉煌五百年的徽商代表之一。据记载，鲍家历代所出的“贞节烈女”多达59人（棠樾牌坊群中有2座贞节牌坊）。鲍家第二十四代始祖鲍启运为了感谢和纪念家族妇女做出的贡献，花巨资建造了清懿堂。清懿堂占地面积800多平方米，面阔近17米，进深近50米，为三进院落，五开间，祠堂内依次是门厅、主厅、寝堂与享堂，整座建筑以高低错落的马头墙外观为主要特色，只有后进部位为歇山顶式楼阁，双天井设计既可以保证祠堂内部的采光、通风，也有“妇女能顶半边天”的深意。

6.徽商家族传承经典——“六代人，一杯茶”的“谢裕大”

“谢裕大”的历史前身为清朝光绪元年（1875年）由古徽州漕溪人谢正安所创的“谢裕大茶行”，至今已有140多年的历史。当年，谢正安携初制成功的黄山毛峰，在上海开设了“谢裕大茶庄”，由于该茶形制特别，色香味俱佳，很快就征服了上海租界的英国商人，名噪一时，为社会各界名流竞相追逐，连远在俄国的茶商都慕名而来采购。为此，谢正安又专门在辽宁营口开了分号，将黄山毛峰销往俄罗斯。当时，谢裕大的黄山毛峰是如此受欢迎，以至于出现了很多仿冒品。于是，谢正安采用每盒茶叶里都附带一张盖有独特“和”字印记的“信誉单”的方式来防伪，这有点类似现在的“合格证”。同时，他还不得不雇用了三位上海著名的商业律师来维权。

1910年，谢正安去世，留下四子四女以及许多的屋宇、店铺、股本、山林、田地和现金，还有最重要的，谢裕大茶庄的金字招牌。他在去世之前，立下遗嘱，分配了家产，并叮嘱儿孙：“力图上进，光大门闾。”民国时期，知名书画家黄宾虹尝到谢正安的长孙谢育华托人带来的茶，专程回信致谢，称：“品质甚好，确赛龙井，你祖上不愧为黄山毛峰第一家。”后来他又专门为谢育华题写了“黄山毛峰第一家”的牌匾。

谢一平是谢正安第四个儿子的后人，属于谢正安的第五代孙。1981年，19岁的谢一平高中毕业，进入歙县茶叶公司工作，成为一名品茶员，不久又专门到安徽省屯溪茶业学校（现为安徽省黄山茶业学校，已并入黄山职业技术学院）进修了两年，提升制茶水平。谢一平在茶叶公司很快就成了茶叶专家，但是他却主动要求调离备受尊敬的品茶岗（品茶员负责评定茶叶等级，对茶叶收购价有直接影响，因此是茶农万分尊敬的对象），而转到四处求人的销售岗，成为一名茶叶销售员。从那以后，谢一平开始仿效当年的谢正安，走南闯北，结交各方人士，把茶叶卖往全国各地。

1999年，谢一平做的茶叶迎来了一个高光时刻：当年，朱镕基总理率团访美，江泽民主席委托他给自己的老师顾毓琇先生带去一份礼物，其中就有谢一平茶厂出产的黄山毛峰（见《朱镕基答记者问》，人民出版社2009年版）。

2006年，谢一平创建的漕溪茶厂进行了股份制改造，在家族长辈的同意之下，“谢裕大”品牌由谢一平及新组建的股份有限公司运营，从此公司旗下茶厂统一到了“谢裕大”这块历史招牌之下。

2007年，谢裕大迎来了又一次高光时刻。那年，俄罗斯举行了“中国年”活动，并举办了盛大的“中国国家展”。胡锦涛主席出席了开幕式，并给俄罗斯总统普京赠送了国礼：黄山毛峰、太平猴魁、六安瓜片和黄山绿牡丹。其中的黄山毛峰，就是由谢裕大公司所提供的。为了纪念这一重大历史时刻，谢一平把2007年定为公司发展史上重要的一年，并专门设计了一款名为“国耀2007”的特级茶。

2008年4月，谢一平大手笔设计的“谢裕大茶文化博物馆”开馆。这是安徽省第一家专门的茶文化博物馆，很快成为黄山市徽州区的人气景点，尤其是爱茶之人到徽州的必游景点。目前，该博物馆已被评定为国家AAAA级景区，每年接待几十万游客，给谢裕大的文化、品牌推广和产品销售带来了巨大的推动作用，而谢一平本人，也入选了首批中国制茶大师（绿茶类）、首批国家农业农村创业导师，获得了杰出中华茶人、非物质文化遗产项目省级传承人等称号，并作为茶行业唯一代表入选“安徽改革开放40年风云人物”。

2019年，谢裕大茶叶股份有限公司聘任谢一平之子谢明之担任公司总经理。作为第六代传承人的谢明之，是位“80后”，年轻有为。作为徽茶的扛鼎者，谢裕大从第一代开创者到现在已延续了140余年，在新的时代环境下，第六代传人谢明之已经被赋予了新的使命。2021年，谢裕大茶叶股份有限公司重点参与的“绿茶自动化加工与数字化品控关键技术装备及应用”科技成果荣获2020年度国家科学技术进步奖二等奖。

从1875年到2022年，从谢正安到谢明之，147年的时间里，黄山毛峰已经成为茶中珍品，受到无数饮茶人的喜爱；而谢家的六代人，为了一杯好茶，经过了沉沉浮浮，依然坚守着茶道与商道，在新时代续写着“谢裕大”百年的传奇。

总之，徽商家族的成功，其核心在于重视教育，重视家风和文化的传承，拥有独特的经营管理的思想。善于经商的徽商，通过读书学习或者是前人的言传身教，贾道而行，“学而优则仕”，以此保持家族和群体的长盛不衰，基业长青。

（二）徽商“二代”的传承与发展

近年来，安徽针对家族企业接班人问题在国内多所重点高校开展“新徽商”培训工程，以父子课堂、名家课堂、实战模拟、名企参访、互动交流、案例教学等方式为主，聘请研究专家、知名企业家、经济学家、辅导老师现场教学，围绕新时代企业家精神、家族企业传承与发展、新生代企业家的创新思维与商业模式优化、新发展格局条件下的中国经济形势与企业经营对策、企业经营商战过程实战演练、中小企业投融资实务、营商环境与公司治理中的法律风险、企业激励机制的优化和完善、数字时代的思维变革与5G应用的机遇与挑战、人工智能技术及应用领域展望、现代企业创新管理模式与治理结构、青年企业家的格调与领导魅力等内容进行课程设计。

"新徽商"培训工程的实施，对徽商"二代"的传承与发展起了较大的作用，但仍然存在一定的局限性，比如如何增强省外的徽商对安徽的情结，如何吸引海外的徽商"二代"回到安徽，徽商"二代"应该选择继承还是创业，等等。为了搞好徽商"二代"的传承与发展，一方面需要借鉴江浙、广东等地的经典做法，另一方面要善于拓展，尝试将"新徽商"培训工程面拓宽，邀请省外的徽商"二代"来安徽研学交流，了解安徽的科技创新和快速崛起。

1.子承父业：二代再创业

家族企业的承继是一个难题。在研究者的视角里，两代人交接班过程中因理念的不同等产生的矛盾与分歧，是企业顺利交接班的拦路虎。当前背景下，对家族企业传承问题的思考应当跳出领导人更替的单一视角，与企业转型升级联系起来。传承不应狭义定义为既有资源和能力的守护，而应该理解为企业获得新资源和创新创业活力的契机。浙商正在进行这样的尝试和实践，他们并不是简单地把权力移交给第二代，而是给二代资源支持，让他们在内部或者外部创业。一个经典案例是方太集团。当年，茅忠群硕士毕业后，答应其父亲茅理翔放弃继续深造的机会，回到家乡，一个条件就是重新开发新产品。回来后的茅忠群选择了重新创业，另外选择新的产品、新的项目。上任以后，茅忠群带领方太人传承方太品牌的基因，坚持把实现世界一流品牌的梦想放入文化手册，坚持“家业长青”，百年传承的方向不动摇。茅理翔与茅忠群父子俩边创业、边转型、边传承，以“带三年、帮三年、看三年”的“三三制”成功完成了交接班，方太集团也在这一进程中迅速崛起。

安徽天方茶业集团合肥有限公司总经理郑珊珊，她是公司董事长郑孝和的长女，2011年大学毕业，在大学学习的是英语专业，毕业后直接回到自家公司工作。英语专业其实跟茶没有什么关系，她的父亲带着她从基层开始学起，十多年来，从车间学习制茶流程到去门店做管理，从公司成立的书院从事茶文化业务到开发新品，基本上把公司各个业务板块都熟悉了一遍。郑珊珊进入公司以后，在公司产品和销售方面有所创新。2018年，她在公司旗下做了新茶饮品牌——七分喜，从产品口味、研发种类到包装形式、品牌定位等，都是围绕“90后”人群去做的。茶起源于中国，也是健康的饮品，她认为做新茶饮是未来发展的一个方向。2019年，她开始布局直播带货；2020年，承接了石台县的硒茶推广助农直播活动。她不断摸索消费群体的真正需求，做出相对应的茶产品，筹划考虑在未来开一些茶健康和茶科技方面的线下体验店，更好地推广茶健康理念。

2.财富交接：价值观传承

《沃尔玛王朝》的作者认为沃尔玛之所以能够延续辉煌，完全得益于其公司创办人制定的“尊重个人，服务顾客，追求卓越”的企业文化与经营理念，并在历届领导者中成功传承。家族企业传承成功多半奠基于无形事物之上：信仰、想法与看不见的理念等。这种“无形事物”，有研究者称之为“韧性”，有学者将家族企业的特质总结为对于“韧性”而非短期绩效的追求，而且这一“韧性”的根本来源是家族企业的长期导向。如浙商中的优秀代表，无不有着非常明确的产业定位，并且把这种定位作为核心价值观，传给下一代。有些浙商专注于制造业，在对接班人的培养上，也更加注重培养他们对做事的兴趣，而不只是财富的积累。如德力西控股总裁，裁缝出身的胡成中，家里几代人做裁缝，他自己本人也以做一个最优秀的裁缝为骄傲。因而，在培养接班人上，他有意让“二代”做一个事业部的负责人，或负责一个具体产品，在实现自身价值中收获成就感，这就是企业家的思维。在培育“二代”过程中，他采用的是浙商中的主流模式——先留学，再进公司，哪怕中间有一个阶段是在其他公司或跨国公司锻炼，其目标是至少要培养一个接班人。这也是一代创业者对企业经营、管理比较长远的谋划。

再如安徽省六安瓜片茶业股份有限公司新媒体负责人曾宇，为公司董事长曾胜春之子，2019年从英国留学回来，在学校学的是金融管理专业。由于对茶叶的热爱，以及其父亲身上的匠人精神让他很感动并且想要为家乡茶产业的发展出一份力，于是最终决定回自家公司帮父亲一起打拼事业。曾宇到公司以后一直在新媒体部门工作。2019年开始在抖音、快手等平台推广茶叶，这是其在新媒体方面的创新。功夫不负有心人，在2020年的“市长来直播”活动中，他带领团队日夜奋战，从前期策划到后期工作方案都亲自跟进，最终做到了茶叶销售额全网第一，一场直播销售额达500多万元。在茶叶创新方面，他也在进行探索，他认为公司目前遇到的最大的困难是茶叶比较单一，属于原叶茶，消费群体偏单一化。所以，他尝试进行一些茶叶拼配，比如茉莉绿茶、茉莉花草茶等，使其更加符合年轻人的消费需求。

当然，对于徽商“二代”的传承来说，模式也是多样的，有些是扶上马送一程，有些是父子（女）一起创业，有些是管理团队接棒，等等。既有传承又有创新，这是打造百年企业的必备要素。广大徽商在一代人努力打下的基础上，徽商“二代”继续努力；在徽商一代人的创新中，徽商“二代”继续创新。传承的是产业，创新的是产品；传承的是精神，创新的是精髓。当然，除了要继承和发扬老一辈徽商特别能吃苦、特别能创业的精神外，还要积极响应时代的召唤，勇于担当，以国际化的视野去迎接工业4.0时代的到来，用“工匠精神”去打响“安徽智造”“中国智造”。一代人有一代人的使命和战场，对绝大多数“创一代”而言，他们传的不仅是财富，更是责任，都希望教下一代如何为社会创造更大的价值，带动更多人实现共同富裕。

（三）“未来新徽商”特训营，助力徽商传承

“未来新徽商”特训营（以下简称“特训营”）是安徽省人力资源和社会保障厅牵头实施的创业提升类高端培训项目，安徽省经济和信息化厅、安徽省农业农村厅、安徽省退役军人厅、安徽省乡村振兴局等部门共同协作参与。

特训营的培训对象主要为安徽省处于初创期的小微企业负责人或高层管理人员，涵盖青年创业者、女性创业者、退役军人创业者、返乡创业者、餐饮行业创业者、家政服务行业创业者等多类群体。培训地点以国内创业创新氛围浓厚的城市为主，走进国

内有代表性的高校、企业或园区，精选全国优质创业资源，对学员关注的企业发展问题进行培训与辅导，全面提升学员的创业素质和企业经营管理能力。同时，为企业家们搭建沟通交流、互学共长的平台，促成学员间的合作。

特训营采取“6+6”模式，即6天的集中培训和不少于6个月的后续服务。集中培训采取课堂教学和课外实践相结合的形式，按照“破冰拓展+理论培训+现场教学+创业问诊+座谈交流”等模块设置培训课程。集中培训结束后，还将继续为参训学员提供线上沟通指导、实地创业辅导、资源对接等多种形式的后续服务。

总之，作为徽商主体，徽商企业家选择接班人问题，不仅关系到财富传承，更是关系到徽商发展的未来。打造百年企业，早已成为徽商共识，也是他们奋斗的目标。面对这样的宏愿，靠一代人的努力显然不够，需要几代人的共同努力，稍有不慎就达不到这样的愿景。管理学大师德鲁克曾说过：家族企业的核心是企业，而不是家族，家族应该为企业服务，而不是企业为家族服务。如果倒过来，企业可能并不会长久。从家族企业的角度看待传承问题，家族有责任，也有义务为家族企业选择一个合适的接班人。

二、重塑新时代新徽商精神

徽商是一段历史，是一种经济现象，也是一种文化现象。相对于“新徽商”而言，历史上的徽商可以称为“老徽商”。老徽商崛起于明代中叶，他们为什么能够在商场上成为赢家？为什么在明清时期能历经300余年的辉煌？其原因是多方面的，其中他们的内在精神是最重要的因素。对老徽商积极的、有价值的精神予以总结，对于启迪新徽商如何走向成功、如何创造新的辉煌，不无裨益。

（一）徽商精神的产生及意义

徽商曾创造了雄踞华夏商界300余年的辉煌史，徽商精神由此孕育产生。无论是胡适心中的“徽骆驼”精神，还是众口交赞的“绩溪牛”精神，不论作何种比喻，今天审视徽商精神，与其说它是一种不以见利为利而以诚为利，不以富贵为贵而以和为贵，不以压价为价而以衡为价，不以赚赢为赢而以信为赢，不以奇货为货而以需为货，不以敛财为财而以均为财，不以应答为答而以真为答的经营观，倒不如说是一种价值观。

徽州文化是徽州物质文明和精神文明的总和，徽商精神是徽州文化的核心价值内涵和灵魂，徽商精神与社会主义核心价值观具有一定的契合性，对于当代社会经济社会发展具有重要的意义。

以富强、民主、文明、和谐而言。“美不美，家乡水；亲不亲，故乡人。”徽商坚守团结互助、以众帮众、和衷共济精神。率先经商的徽商，帮助家人或族人经商，从而共同走上经商致富之路，并把互助合作条款写入族谱等宗族文献中，以族规家法的名义要求族人遵守执行，将家族内部互助合作制度化、规范化。有着共同血缘或者地缘关系的徽商形成了徽商以众帮众、相互提携的传统，在全国各地建立徽州会馆，从而强化了徽州商帮内部的凝聚力，减少了经商的困难，增加了成功的概率。

以自由、平等、公正、法治而言。在频繁的社会经济活动中，徽州商人依靠“约”和“法”来维护权益、协调关系的意识慢慢觉醒，并逐渐形成了凡事“立字为据”的习惯。现存涉及社会经营活动方方面面的徽州契约文书，反映了徽州民众这种“民间法”由原始走向规范、走向成熟的历史演进过程。

以爱国、敬业、诚信、友善而言。从早期徽商不辞劳苦，运粮输边，到明中后期徽商积极参与抵抗倭寇侵略的斗争，再到近代徽商为了抵御外国入侵，踊跃捐资捐物，处处时时体现了他们的爱国精神。因为他们深知，没有国家的安定与统一，就不会有个人事业的兴旺和发达。敬业精神是从业者对所从事职业具有的一种执着的信念和深深投入的意识。徽商对商业的执着和专注，在中国商业史上尤为罕见，他们兢兢业业、勤勤恳恳，一旦生意不成功，他们宁愿客死他乡，也不愿轻易回家。徽商不惑于眼前利益，他们认为商家与顾客的关系是互惠互利、相互依存的。因此，徽商极力维护商业信誉，视之比金钱更宝贵。

（二）徽商精神的内涵

徽商精神是徽州商人在经商实践中逐渐形成的为社会普遍认可的在商品经济活动中所表现出来的思想品格、价值取向和道德规范，是古徽州商人群体心理特征、文化传统、思想感情的综合反映。它体现着徽州商人从事商业活动并能够获得成功所持有的坚定信念，是极其珍贵的精神财富和宝贵的历史文化遗产。

徽州的经济文化领域备受学术界关注，学术界不少学者都对徽商精神的内涵进行了归纳，具体如下。

徽商研究专家王世华将徽商精神归纳为五个层面：一是赴国

急难、民族自立的爱国精神，二是不畏艰难、百折不挠的进取精神，三是审时度势、出奇制胜的竞争精神，四是同舟共济、以众帮众的和协精神，五是不辞劳苦、虽富犹朴的勤俭精神。

徽商研究学者李琳琦认为徽商精神就是“徽骆驼”的进取精神和“贾而儒”的人文精神，“贾而儒”的人文精神具体表现有三：一是崇文重教的风尚，二是恪守儒家的道德，三是社会担当的情怀。

徽商研究学者卞利认为徽商有九种精神：一是在生存压力下养成的拼搏进取精神；二是讲求儒道，贾而好儒、以义为利的精神；三是敬业执着、累世经营、甘当大业的信念；四是注重商品质量，守法经营、诚信为本的精神；五是善观时变，灵活经营、出奇制胜的经营理念；六是以众帮众的协作互助、以众帮众的团队精神；七是热心公益和慈善事业的奉献精神；八是知人善任、注重德才兼备的用人理念；九是重视市场、讲求效益。

作家方辉利认为徽商是中国古代“儒商”的典型代表，“贾而好儒”是徽商的特色，仁、义、礼、智、信，是国学胚蒸出的徽商精神。

徽商研究学者朱万曙将徽商精神归纳为十二个方面：徽骆驼——徽商的吃苦精神；山外有山——徽商的开拓精神；诚信的收益——徽商经营的大方略；“贾而好儒”——徽商的文化追求；坚守伦理——徽商对传统的依赖；期望子弟——徽商对教育的重视；一人唱，众人和——徽商的群体意识；赢得社会——徽商的人生价值观；文化投资——徽商的另一种眼光；自卑与自重——徽商的矛盾心理；与天子交——徽商的莫大悲哀；回归田园——徽商的人生归宿。

徽商研究学者刘伯山将徽商精神概括为四个方面：一是不甘穷困，矢志千里，勇于开拓的精神；二是不怕挫折，执着追求，锐意进取的精神；三是不辞劳苦，克勤克俭，艰苦奋斗的精神；四是不作内耗，整体一致，团结协作的精神。

安徽省人民政府发展研究中心“重振徽商雄风”课题组将徽商精神概括为五个方面：一是眼光向外、经营在外的开放精神，二是以德治商、讲求信誉的诚信精神，三是不畏艰难、百折不挠的进取精神，四是勇于探索、敢为人先的创新精神，五是同舟共济、相互扶植的和协精神。

（三）新时代需要重塑新徽商精神

新时代新徽商大军秉承老徽商传统，勇立新时代潮头，心怀家国、赤子情深，敢为人先、勇于创新，好学精进、视野宏大，主诚志信、贾道儒行，生动有力地阐释、践行和重塑了新徽商精神。全力推进“双招双引”，更加注重用市场逻辑谋事、用资本力量干事，推进产业链、创新链、人才链、资本链、政策链“多链协同”，为新徽商提供了更为广阔的舞台。希望新徽商心系故土，当好桥梁纽带，多宣传、推介家乡，为家乡发展多出谋划策、贡献智慧，常回家乡投资兴业、创新创业，寻求合作机遇，助力家乡发展，续写新时代新徽商新传奇。

新时代需要重塑新徽商精神，安徽财经大学新徽商研究中心将新时代的徽商精神归纳为五个层面：一是贾道儒行（主要是结合老徽商贾而好儒的特色、崇文精神、儒商精神总结而来）；二是创新争先（结合安徽主打的自主创新和新徽商在异地的表现，创新争先的特质表现明显）；三是开拓进取（徽商吃苦耐劳，不折不挠的创业精神要凸显）；四是诚信爱国（徽商诚信的特征要弘扬，家国情怀也非常明显）；五是合作共赢（凸显徽商的抱团发展和共赢的时代主旋律）。

附 录

一、2022年新成立的徽商组织

1.2022年5月26日，为了助力安徽“双招双引”，推动安徽与RCEP国家特别是和印尼的友好合作，印尼安徽安庆商会暨同乡会在雅加达海螺会议室正式成立。商会领导层及会员、皖籍企业商贾出席。印尼安徽商会暨同乡会会长何涛对印尼安徽安庆商会暨同乡会成立表示祝贺。何涛会长表示，相信印尼安徽安庆商会暨同乡会的成立，将进一步凝聚侨心、发挥侨力，在拓展中国与印尼民间交往、维护侨益、服务经济、促进两地发展等方面发挥积极作用。大会一致同意推选徐竹子为印尼安徽安庆商会暨同乡会首届会长，汪佩佩为秘书长，任期五年。

2.2022年6月26日，在来自潜山、深圳两地政府领导嘉宾，社会各界精英，在深26家皖籍市县兄弟商会代表等近300位乡友企业共同见证下，深圳市安徽潜山商会成立庆典大会暨乡友联谊会在深圳御景国际大酒店举行。深圳市慧儒电子科技有限公司董事长王孙根当选为商会首任会长。

3.2022年4月23日，常州市金坛区安徽商会成立。常州市金坛区安徽商会成立是助推金坛经济社会持续快速发展的重要力量，为金坛、安徽两地经济社会繁荣发展起到了促进作用。目前，常州市金坛区安徽商会共有成员180人左右。李伟当选为常州市金坛区安徽商会首任会长。

4.2022年1月25日，西安市安徽淮南商会正式成立。现有会员单位47家，涉及建筑工程、房屋装修、环保科技、商贸物流、企业咨询、教育等诸多领域。2022年6月18日上午，淮南市委书记任泽锋，淮南市委常委、市委统战部部长欧冬林，淮南市一级巡视员、市委秘书长胡东辉，陕西省工商联一级巡视员、总商会党委书记许孝军出席商会成立大会并共同为西安市安徽淮南商会揭牌。李新当选为首届会长。

5.2022年6月27日，宁波市海曙区岳西商会成立大会暨第一次会员代表大会召开。汪育松当选为首届会长。

6.2022年7月30日，平顶山市安徽商会成立大会在蕴海锦园大酒店举行。叶县广达铝业有限责任公司董事长余锡爽当选为首届会长。

7.2022年8月8日，北京安庆企业商会会员大会召开。大会审议通过了《北京安庆企业商会章程》，选举产生了商会第一届理事会、监事会及领导班子成员。北京德辰国际投资有限公司董事长、北京安徽企业商会常务副会长何学德当选为首届会长。何学德表示，商会将积极响应安庆市委、市政府“内搭平台，外联老乡”与“双招双引”的战略决策，大力支持安庆现代化建设与经济发展，努力为家乡发展献计出力、添砖加瓦，为北京、安庆两地的经济文化合作交流贡献力量。

8.2022年8月8日，萍乡市安徽商会成立大会暨第一届第一次会员代表大会在萍乡市廷泊酒店举行。萍乡市皖籍各界人士及省内外兄弟商会、媒体界朋友、会员代表近200人参加成立庆典大会。梅春萍当选为首届会长。

9.2022年8月21日，杭州市淮北商会成立大会在杭州市广电开元名都大酒店召开。杭州市淮北商会秉承“服务、协调、维权、桥梁、互助”的办会宗旨，全心全意为淮北籍在杭企业服务，维护企业合法权益，督促企业守法经营，同心合力打造徽商品牌，整合资源优势，共筑平台、共同发展；充分发挥桥梁纽带和服务作用，引导会员企业讲法制、讲道德、讲诚信，塑造良好的徽商形象。刘亚军当选为首届会长。

10.2022年9月3日，东莞市安徽安庆商会成立庆典在东莞会展国际大酒店举行，安庆市相关部门负责人、部分在东莞安庆籍知名人士、部分安庆市异地商会会长等300余人出席会议。东莞市安庆商会目前共有会员240多人。在被列入东莞倍增计划的500多家企业中，有近10家企业成为东莞市安徽安庆商会会员企业。会员企业涵盖新能源、汽车、光电、化工、制造、房地产、金融、教育等多领域。广东宝升聚氨酯科技有限公司董事长许绪宝当选为首届会长。

11.2022年9月24日，南昌市安庆商会第一届第一次会员大会、南昌市安庆商会第一届第一次理事会监事会以及南昌市安庆商会成立庆典在南昌召开。秦远明当选为首届会长。目前在昌的安庆籍企业有1000多家，南昌市安庆商会会员企业已达170家。

12.2022年10月21日，巴西安徽同乡总会安庆商会在巴西圣保罗唐宫大酒店举办成立大会。巴西安庆籍侨胞及会员、巴西安庆籍企业商贾出席成立大会。巴西安徽同乡总会安庆商会是在南美洲的首个安庆侨团。该商会的成立，旨在助力安庆“双招双引”，响应安庆市“内搭平台、外联老乡”战略路径，推动安庆与“一带一路”沿线国家特别是和巴西的友好合作。范秀军当选为首届会长。

13.2022年12月6日，威海市文登区安徽商会暨党支部正式挂牌成立。吴建存当选为首届会长。随着文登区营商环境持续优化，到文登区经商的安徽籍商人逐年增多，成为文登区经济发展的重要组成部分。

二、2022年徽商上市企业

1.2022年1月24日，安徽万朗磁塑股份有限公司正式在上海证券交易所主板上市（简称“万朗磁塑”，股票代码“603150”），安徽万朗磁塑股份有限公司是安徽省内2022年第一家成功上市的公司。

2.2022年1月27日，安徽铜冠铜箔集团股份有限公司在深圳证券交易所创业板首发上市（简称“铜冠铜箔”，股票代码“301217”），成为安徽省第一家分拆上市企业。

3.2022年3月30日，海螺环保（股票代码“HK00587”）成功上市，登陆香港证券交易所主板挂牌交易。

4.2022年6月6日，合肥井松智能科技股份有限公司正式在上海证券交易所科创板上市（简称“井松智能”，股票代码“688251”）。

5.2022年6月22日，安徽拓山重工股份有限公司（简称“拓山重工”，股票代码“001226”）在深圳证券交易所主板正式挂牌上市，成为“十四五”期间宣城市第一家上市企业。

6.2022年7月5日，安徽宏宇五洲医疗器械股份有限公司（简称“五洲医疗”，股票代码“301234”）首次公开发行A股上市仪式在安庆举行。

7.2022年7月8日，徽商企业成都思科瑞微电子股份有限公司（简称“思科瑞”，股票代码“688053”）上市，正式登陆科创板。

8.2022年7月15日，劲旅环境科技股份有限公司（简称“劲旅环境”，股票代码“001230”）在深圳证券交易所主板上市。

9.2022年7月15日，徽商企业上海宝立食品科技股份有限公司（简称“宝立食品”，股票代码“603170”）成功登陆资本市场，在上海证券交易所A股主板挂牌上市。

10.2022年7月28日，徽商企业国轩高科股份有限公司（简称“国轩高科”，股票代码“002074”）在瑞士证券交易所成功上市，是第一家在瑞士成功上市的中国动力电池制造企业。

11.2022年8月18日，翰博高新（股票代码“301321”）登陆创业板，是徽商第一家从北京证券交易所转板创业板的企业。

12.2022年8月18日，合肥新汇成微电子股份有限公司（简称“汇成股份”，股票代码“688403”）在上海证券交易所上市。

13.2022年8月26日，贵州振华风光半导体股份有限公司（简称“振华风光”，股票代码“688439”）在科创板上市。

14.2022年8月29日，恒烁半导体（合肥）股份有限公司（简称“恒烁股份”，股票代码“688416”）在上海证券交易所上市。

15.2022年10月18日，中科美菱低温科技股份有限公司（简称“中科美菱”，股票代码“835892”）正式登陆北京证券交易所，从受理上市申请到正式上市仅用111天，中科美菱创下北京证券交易所设立以来最快上市纪录。

16.2022年11月7日，安徽耐科装备科技股份有限公司（简称“耐科装备”，股票代码“688419”）在上海证券交易所科创板正式上市。

17.2022年11月11日，徽商企业子不语集团（简称“子不语”，股票代码“02420”）在香港联合交易所成功挂牌上市。

18.2022年11月18日，芜湖雅葆轩电子科技股份有限公司（简称“雅葆轩”，股票代码“870357”）成功在北京证券交易所上市，成为芜湖首家北京证券交易所上市企业。

19.2022年12月22日，合肥高科科技股份有限公司（简称“合肥高科”，股票代码“430718”）公开发行股票并在北京证券交易所正式上市，成为合肥高新区第一家北京证券交易所上市企业，也是安徽省家电专用配件行业北京证券交易所第一股。

20.2022年12月30日，安徽富乐德科技发展股份有限公司（简称“富乐德”，股票代码“301297”）在深圳证券交易所上市。

三、2022年徽商大事记

1.上海市安徽商会“徽骆驼”物资急助支援队助力上海抗击疫情。2022年4月10日，上海市安徽商会“徽骆驼”物资急助支援队开始行动。上海市安徽商会会长、奇创旅游集团董事长洪清华，商会执行会长徐章来，商会常务副会长叶家春、解光周，理事章伟带领“徽骆驼”志愿者，奔赴安徽援沪医疗队驻崇明方舱医院、安徽援沪医疗队核酸检测队黄浦区驻地，为医护人员送上夏天的服装，随后又为部分在沪皖籍困难家庭送去米面、蔬菜、肉类等生活物资，彰显在沪徽商在“特殊时期”的“特别担当”。“徽骆驼”物资急助平台和支援队成立以来，接到来自安徽省各界捐赠的援沪爱心物资，委托“徽骆驼”平台派送。截至2022年4月底，“徽骆驼”已集中派送了40余家敬老院、20余家工地工厂及多所院校。伴随上海推进复工复产，上海市安徽商会成立“保安全 促复产”领导小组，设立政策咨询、法律咨询、金融咨询、防疫支持等十一个专项工作小组，为会员企业、沪上徽商企业的复工复产提供全方位协助。

2.第四届海南省徽文化研究会、第三届海南省安徽商会换届。2022年6月19日下午，第四届海南省徽文化研究会、第三届海南省安徽商会（以下简称“海南省安徽两会”）换届大会在海口市威斯汀酒店举行，经选举表决，汪方怀当选为海南省安徽商会会长。海南省安徽商会秉承“乡情有根，皖人爱故土，文化无界，琼州建家园”的建会宗旨，坚持文化立会、制度管会、服务兴会、包容和会、公益凝会、党建强会，在自身建设、公益慈善、招商引资、文化交流等方面做了大量有益的实践和探索，取得了全国“四好”商会、海南省“5A”级商会、2018—2021海南省先进社会组织等荣誉称号，成为全国商会100家党建示范工作单位，较好地发挥了商会联系政府和社会的桥梁纽带作用，在海南自贸港建设的大潮中塑造了海南新徽商群体形象。海南省安徽商会的未来将以脚踏实地的务实作风，努力实现海南新徽商更大更远的创业梦想，打造百年商会！

3.2022徽商调研和夏季秘书长研讨会举行。2022年6月22日，2022徽商调研和夏季秘书长研讨会在宁波召开，来自海南、陕西、四川、宁波、杭州等地的15家安徽商会的执行会长、副会长、秘书长，就进一步强化多方合作、加强徽商平台建设、助力安徽“双招双引”、抓实全国徽商信息交流汇总传递、推进徽商大数据统计工作等五个议题踊跃发言，深入交流。

4.2022徽商之夜活动举行。2022年6月24日，由安徽日报报业集团指导，徽商传媒、徽商全球理事会、徽商全球名媛荟主办的“金沙·摘要”2022徽商之夜活动在合肥举行，参会者共同探索企业发展应对之道。在“徽商之夜”上，国仪量子（合肥）技术有限公司首席执行官贺羽、徽宴楼餐饮集团董事长张业青分别做主题演讲，来自金融、法律、税务相关机构的嘉宾与徽商企业家面对面交流，为他们介绍助企纾困、稳步发展的各项举措，并现场答疑解惑。

5.全国徽商部分商会秘书长工作（镇江）研讨会举行。2022年7月4日，全国徽商部分商会秘书长工作（镇江）研讨会召开。本次会议以“喜迎二十大，徽商续华章”为主题。来自江苏、河北、大连、晋城等地的安徽商会的执行会长、秘书长近60人参加会议。本次会议围绕建设全国徽商的互动、出彩、有效的大平台，就进一步强化多方合作、加强徽商平台建设、助力安徽“双招双引”、抓实全国徽商信息交流汇总传递、推进徽商大数据统计工作等议题展开了交流。

6.2022中国品牌节·徽商品牌论坛举行。2022年8月8日下午，2022中国品牌节·徽商品牌论坛作为本届中国品牌节平行论坛同步在长沙举办。

7.“新时代·新徽商2021年度人物”发布仪式。2022年8月20日，大型新闻行动“新时代·新徽商2021年度人物”发布仪式在安徽省黄山市黟县西递举行。该活动由中共黄山市委、黄山市人民政府、安徽国际徽商交流协会、中国科学技术大学管理学院、安徽大学研究中心、决策杂志社（安徽创新发展研究院）共同承办。活动通过在全国范围内寻访、报道新徽商中的典范人物，展现他们的创业历程和奋斗轨迹，弘扬徽商精神，树立新徽商榜样，凝聚新徽商回报乡梓、建设家乡的群体力量。

8.2022粤港澳大湾区徽商峰会举行。2022年8月20日，2022粤港澳大湾区徽商峰会在广州富力丽思卡尔顿酒店举行。来自粤皖两地政府领导、知名专家学者、皖籍企业家代表、广东省安徽商会会员及媒体代表300余人齐聚一堂，共襄盛会。此次峰会由安徽省人民政府驻广州办事处指导、广东省安徽商会主办，主旨是持续发挥湾皖联动、搭建政企沟通的平台与桥梁，利用粤港澳大湾区开放创新优势协同安徽“三地一区”战略部署。

9.南京徽商会长联盟成立。该联盟旨在更好地团结凝聚在宁徽商，进一步提升徽商品牌的认知度和影响力，为皖宁两地合作交流架设新桥梁、增添新活力、贡献新力量。2022年9月8日下午，南京徽商会长联盟在同曦艺术馆两右堂举行第一次会议。联盟全体成员、在宁28家安徽籍商会会长及代表参加了会议，大家对各自商会的基本情况作了简要介绍，并一致表达了对联盟工作的全力支持及对未来共享发展机遇、共享创新成果的期待。

10.2022世界制造业大会徽商论坛。2022年9月20日下午，2022世界制造业大会徽商论坛举行。两院院士、知名经济学专家、世界500强企业高管、知名徽商代表、各地徽商商会会长和秘书长等出席论坛，大家围绕发挥商协会作用赋能“双招双引”、工业互联网等发表主旨演讲、展开高峰对话、论道徽商发展，旨在凝聚徽商力量，弘扬徽商精神，推动更多徽商企业家到安徽来，做安徽高质量发展的“合伙人”。论坛上还举行了颁奖仪式，为10位“2022徽商年度创新人物”颁奖，并发布了《徽商发展报告2022》。徽商论坛从2005年开始举办，到2022年是第14届。从2018年开始，徽商论坛成为世界制造业大会的经典活动和重要组成部分，现已成为安徽省开放型经济的标志性活动之一，是安徽充分发挥商协会作用、高质量推进“双招双引”的金字招牌和重要平台。

11.江西省安徽商会换届。2022年9月28日，江西省安徽商会换届选举暨第三届第一次会员代表大会在南昌召开。江西省人大代表、江西省安徽商会第二届理事会执行会长王斌主持会议。此次换届大会是江西省安徽商会发展史上的又一里程碑，预示着江西徽商将继续奋力谱写新时代追赶超越的绚丽华章。

12.大连徽商商会十五周年庆典暨第一届徽文化节启动。2022年12月16日，大连徽商商会十五周年庆典暨第一届徽文化节启动仪式在大连市香格里拉酒店举行。商会积极举办首届徽文化节，充分展示了商会的文化自信，希望通过徽文化节的举办，让徽派的理学、朴学、篆刻、徽剧、建筑、徽菜，以及一系列优秀的徽文化元素，更多地在大连生根，让进取、竞争、和谐、勤俭的徽商精神成为支持在大连的徽商创业奋进的精神力量，成为连皖两地交流协作的桥梁和纽带。商会是会员的家，会员是商会真正的主人，大连徽商商会自成立以来在全体会员的积极作为和不懈努力下，取得了可喜的成绩。当天在活动现场颁发了2022年度先进个人奖、最美抗疫奖、党员先锋岗奖、全国徽商优秀秘书长奖、中华百名优秀徽商奖。

后记一

20年前第一次到徽州地区，当时对徽商和徽文化不甚了解，但马头墙、黑白相间的色调、深宅大院、古村落、宗祠、书院、老街等都给我留下了深刻的印象。今天的“徽商”，不仅是全球安徽籍商人的符号，更是一种文化，一种精神，一个品牌。

2009年，安徽财经大学首期“徽商大讲堂”开讲。“徽商大讲堂”一直延续至今，当初举办的出发点是为了搭建校企合作的平台和促进徽商企业与学校的交流，活跃校园文化。2014年，我在合肥策划和打造了“新徽商大讲堂”，主要目的是促进徽商企业家之间的交流和资源整合，至今已举办了60多期。2014年，安徽财经大学新徽商研究中心成立。2018年，安徽财经大学新徽商研究中心联合安徽经济报社等单位成立新徽商商学院、徽商智库等平台，践行开展“四个一”工程：重走一段徽杭古道，聆听一场徽商文化报告，参观一座徽商古村落，参访一家徽商名企。

对于徽商发展报告，很早之前我就思考过撰写工作，但由于多种原因没能实现。直到2018年，经过对2017年全年徽商活动的跟踪和资料收集，再加上“新徽商大讲堂”微信公众号的持续运作，在2018年中国国际徽商大会和2018世界制造业大会期间发布了《徽商发展报告2017》。《徽商发展报告2017》得到了政府、异地徽商商会和商界的认同，被评为2018年中国国际徽商大会和2018世界制造业大会“十大成果”之一。之后推出的《徽商发展报告2019》荣获2019世界制造业大会成果之一，《徽商发展报告2020》荣获2020世界制造业大会江淮线上经济论坛成果之一，《徽商发展报告2021》荣获2021世界制造业大会成果之一，《徽商发展报告2022》荣获2022世界制造业大会成果之一。

2022年，安徽财经大学新徽商研究中心在新徽商研究领域获得了一定的成长：与安徽经济报社、徽联汇、安徽古井贡酒股份有限公司等单位联合承办或参与和协办了多次徽商智库沙龙、新徽商线下交流活动、徽商品牌发展等活动；微信公众号“新徽商大讲堂”每周一开辟专栏持续分享徽文化；承办了蚌埠市工商联2022年商会组织建设研修班，多地徽商商会和商帮研究组织前来考察交流，多个地方政府招商部门前来调研，了解徽商产业布局、异地徽商组织与徽商上市企业情况；通过论坛、校园赛事等助力徽商老字号品牌的传承与创新；与安徽江南徽商研究院、徽商博物馆进行战略合作，促进资源整合。

《徽商发展报告2023》经过多次研讨和论证，最终形成了徽商组织、徽商企业、徽商人物、徽商科创、徽商回归、徽商文化、徽商传承七大板块，围绕徽商年度发展进行总结分析，并首次发布徽商百强榜。

《徽商发展报告2023》能够顺利出版，感谢决策杂志社总编张道刚，安徽经济报社社长马顺生，安徽经济报社副总编栗亮、邓九平，决策杂志社执行主编王运宝等人，他们的无私帮助和鞭策让我更有动力，因为徽商，我们经常共同出席活动，磋商交流，分享徽商最新动态；感谢安徽财经大学校领导虞宝桃教授、朱红军教授、周加来教授、张焕明教授、储德银教授，他们给新徽商研究中心提供了较好的平台和资源；感谢安徽农业大学党委书记张庆亮，安徽师范大学徽商发展研究院院长马陵合教授，安徽师范大学经济管理学院院长张廷龙教授，安徽财经大学新徽商研究中心曹天生教授、经济发展研究中心徐旭初教授，安徽财经大学工商管理学院胡登峰教授、胡旺盛教授、徐伟教授，感谢安徽江南徽商研究院顾问房培陵，徽商博物馆馆长许苏平等，他们在我成长道路上给予关爱和支持；感谢安徽师范大学出版社社长张奇才教授，编辑何章艳、李慧芳，他们为本书的出版提供了优质的服务；感谢安徽国际徽商交流协会秘书长叶青松、安徽合作交流办公室经济联络处处长余超超以及各地徽商商会的会长和秘书长们，他们为本书提供了诸多的素材和建议，在此一并深表感谢！

《徽商发展报告2023》是安徽财经大学年度系列报告丛书的一种，也是安徽财经大学新徽商研究中心和安徽经济报社、决策杂志社（安徽创新发展研究院）联合打造的“徽商智库”系列丛书之一。由于笔者水平有限，书中如果有不当之处或疏漏，敬请联系我们（邮箱 diyiyingxiao@163.com），我们将第一时间给予回复。《徽商发展报告》将会每年延续下去，记录和剖析徽商的年度发展大事，统计和分析徽商的年度经营状况，解析徽商年度重大专题，传播徽商文化，传承徽商精神。

新时代呼唤新徽商，新形势打造新徽商。期待天下徽商聚焦实业、建设家乡，推动总部回归、项目回归、人才回归、资本回归，带动更多企业汇聚安徽，成为安徽“合伙人”；期待天下徽商义利双行、造福桑梓，坚守徽商人文精神，传承徽商文化传统，在创造财富的同时，主动承担社会责任，树立起新时代徽商以义取利、热心公益的良好形象；期待天下徽商齐心协力、抱团发展，秉持“天下徽商一家亲”的合作理念，进一步整合资源，促进合作，不断提升徽商品牌整体竞争力和影响力，不断擦亮“徽商”金字招牌。

王唤明

2023年5月于龙子湖畔

后记二

《徽商发展报告2023》正式出版了，这是徽商发展研究系列连续推出的第六本报告。透过这本书，我们能强烈感受到，在信息化、智能化、绿色化等新兴技术推动下，徽商群体主动顺应产业转型升级的大潮，不仅创造出许多经济新业态和商业新模式，也在新一轮发展浪潮中，留下了深深的徽商足迹。

2023年7月，一篇《新徽商凶猛》的文章在朋友圈刷屏，文中记述了各地新徽商在新兴产业领域引人注目的成就，以及“徽商回归”后对安徽经济发展的巨大推动力。

放眼全国，今天的徽商在新经济“风口”上崛起，走在产业发展前沿，积极投身新能源汽车、集成电路、人工智能等新兴产业赛道。

在中国新能源汽车领域，徽商占据了造车新势力的“半壁江山”。如果说马斯克是在全球层面扮演一条推动新能源汽车发展、激发销售渠道变革的“鲶鱼”，那么在中国的新能源汽车产业革命中，一个完整的产业生态体系，正在被徽商团队构建。

比亚迪、奇瑞、江淮、蔚来、哪吒以及雅迪电动车等，都是徽商创造的响当当的品牌，这些安徽籍企业家在中国新能源汽车界闯出了一片新天地，逐渐形成了超强影响力。更让人称道的是，他们正在努力将中国汽车带向世界舞台的中心。

放眼全国，徽商没有止步于造整车，还有一大批徽商积极投身汽车零部件产业，其中知名度较高的有国轩高科、巨一科技、中鼎控股、晶合集成、阳光电源等徽商企业，他们与整车制造、后市场企业共同构成了一条完整的汽车制造产业链。在安徽省，作为“首位产业”，新能源汽车和智能网联汽车产业集群正在迈向万亿级，这将成为安徽又一个现象级产业地标。

在集成电路产业链上，徽商企业的集聚效应日益显著。在制造领域，晶合集成、富芯微电子等企业不断发力。在封装测试领域，通富微电、汇成封装等企业开始突围。在设计领域，联发科技、杰发科技、君正科技等企业先后落户合肥。

头部企业拉动了产业链上下游发展，产业集聚趋势明显，“生态圈”更加完善。目前，安徽集成电路已形成从设计、制造、封装和测试，到材料、装备、创新研发平台和人才培养等完整的产业链生态，集聚上下游企业400多家。

在本土企业和招引企业的共同努力下，安徽已初步构建起以合肥为核心、皖江城市带协同发展的“一核一带”产业格局，合肥也在倾力打造“中国IC之都”。

人工智能是新一轮科技革命和产业变革的重要驱动力。安徽依托大数据、大模型、大算力等要素，全力培育开放、创新、活跃的通用人工智能发展生态，打造具有重要影响力的科技创新策源地和新兴产业集聚地。

在这一领域，科大讯飞、华米科技等多家安徽本土企业逐渐成长成为行业龙头，发挥“链主”企业的“头雁”作用，带动产业链上下游企业聚集发展，吸引了1000多家企业落户国家级人工智能产业基地“中国声谷”，构建起富有活力的人工智能产业创新生态，形成千亿级的人工智能产业集群，打造人工智能全新生态版图。

当前，数字化塑造出新的生活方式和消费理念，进而催生出全新消费业态。一部分徽商企业家抓住数字化时代万物互联的机遇赋能产业创新，打造出一批新零售、新消费等产业新模式。

“民以食为天”，“吃”是最传统的产业，但徽商在这个传统的产业里做出了“新文章”。

年入20亿元、坐拥3000多家门店的巴比馒头，凭借“流量+品牌”、标准化生产、连锁加盟模式，从一个小店铺走向了全中国，成功登陆上海证券交易所，成为中国“包子第一股”；排名中式快餐第一名的老乡鸡，积极拥抱数字化趋势，架构起一套全新系统，实现了从原料采购到产品配送的全程追溯；五年突破1000家店的邻几，实行“由点及面”的区域发展模式，依托数智化新基建的力量，以灵活、精准的“定制化”策略，打造出“城市第三空间”年轻业态，成为安徽最大便利店连锁企业之一；生鲜传奇以“门店+App”的运营模式，扩大市场份额，店铺突破1000家，成为新零售界的一匹黑马。

同样，三只松鼠、洽洽、雨润等食品品牌充分利用线上线下一体化的新零售优势，布局全渠道运营模式，建立起与消费者的深度链接，成功破局出圈。

除了“吃”，徽商同样探索出“喝”的新业态、新营销。元气森林创始人唐彬森在销售模式上集合了线上线下灵活销售优势，快速占据市场，成为饮料市场的“头部玩家”。作为我国八大名酒之一的古井贡酒，构建起了白酒工业互联网平台体系，推动生产模式转型升级，2022年成功入选国家级新一代信息技术与制造业融合发展试点示范名单。

在“玩”上，景域驴妈妈以旅游互联网服务、旅游规划设计、旅游IP投资、景区投资运营管理、智慧旅游等为主业，构建起国内领先的旅游科技+产业链。在数字化战略的背景下，景域驴妈妈抢抓“科技+文旅”机遇，利用数字赋能加强旅游产品创新，创新数字文旅。

放在徽商发展的时间年轮中来看，他们不论是投身新兴产业，还是紧抓万物互联打造新模式，背后呈现出的都是新徽商的强劲力量。他们分布在各行各业，活跃在中国新经济的舞台上，成为商界中的一股新力量。

首先这是一种文化的力量。当代徽商，承泽徽文化精华，大力弘扬不畏艰难的进取精神、引领潮流的创新精神、同舟共济的协作精神，成为改革发展、创业创新的生力军。

从古至今，徽商的进取精神、创新理念都让徽商展现出一种独特气质，这种气质深深镌刻在徽商的血液中，形成了区别于其他商帮的商业文明、理念和价值，引导一代又一代徽商在商界竞争中勇立潮头，成就了一批又一批商业领袖。

梳理徽商发展的轨迹会发现，在2000年前后，随着互联网发展，涌现出一批高学历、拥有专业背景、与高科技相关的专家型新徽商，以科大讯飞刘庆锋、杰事杰新材料杨桂生、联想集团杨元庆、美的集团方洪波等为代表；在2010年前后，随着淘宝、京东、微信等平台经济的壮大，涌现出了新一批的徽商代表，如三只松鼠章燎原、微盟集团孙涛勇等，他们是以网络新经济为重要特征的经济增长推动力。

经过多年的发展积累，徽商同样成为资本市场中的一股新力量。

从安徽省内来看，2023年上半年，龙迅股份、华人健康、颀中科技、晶合集成等11家公司登陆资本市场。截至2023年7月，安徽已有172家A股上市公司，拥有上市公司数量排名全国第七位，一年连跨两个位次，支撑起了中国资本市场中的“安徽板块”。

从全国资本市场来看，在上海、江苏、浙江、广东等省份，涌现出一批像比亚迪、迈瑞医疗、易事特、正威、雅迪、巴比馒头等知名上市公司。这些上市公司共同构成了中国资本市场中的“徽商力量”。

岁序更替，时光向前，新徽商还将继续书写创新、创业、创富的新传奇。2023年出版的《徽商发展报告2023》，对徽商群体在科技创新、新兴产业、资本市场以及商会组织建设等方面的创新和发展，都做了深入分析，这将成为徽商研究的一份重要资料，也将为推动徽商文化发展贡献出一份力量。

张道刚

2023年8月